1000
5000
CANADA
THIS NOTE IS LEGAL TENDER

500 Cinq Cents
T 037688061
5000

i世代投資·5

我是i世代 我理財 我有錢
我從小額學習

easy go!

搞懂它股票賺大錢

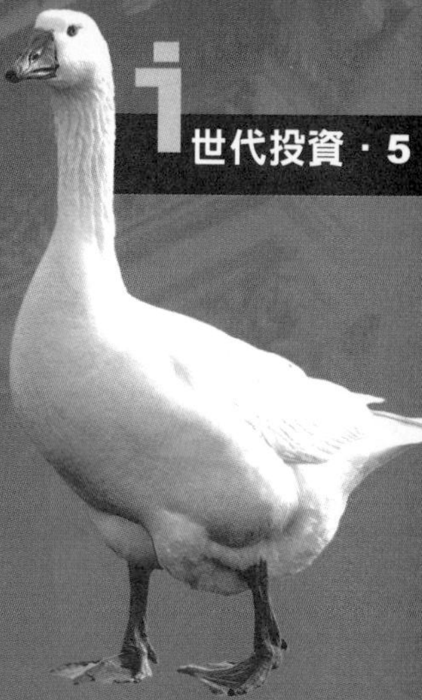

股市聰明獲利的
買賣點學習提案

●imoney123編輯部

目錄

目錄

中華民國
壹仟圓
臺灣銀行

01 章

STOCK

直覺式K線判讀
市場一眼看透

Point 01 1根K線也能表示股價的經歷與方向

進入本書的主題「買賣點」之前，首先要更深入的了解K線。

在本系列的第二本書「沒有理由不賺錢的股價圖」中曾深入的解析單一根K線，本章要再更進一步探討組合K線的意義與一些特別K線的排列圖形。

初學者應該牢牢的把每一根（一組）K線的方向與意義搞通，這樣一看到股價圖上的K線組，立刻就能反應目前的價位過去曾「經歷」何種走勢？之後投資方向應該如何因應較為有利？

例如：

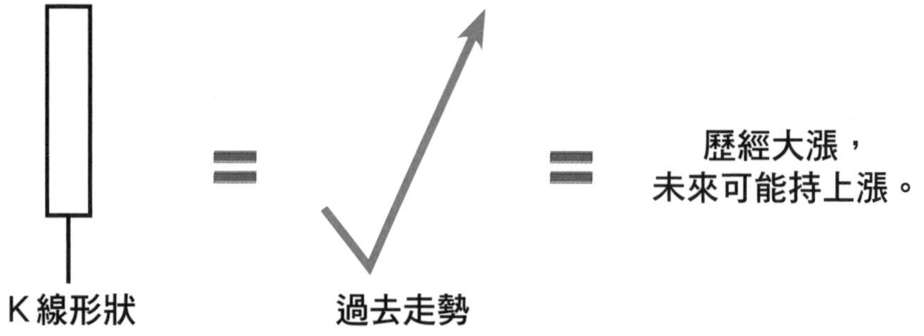
K線形狀
過去走勢
歷經大漲，
未來可能持上漲。

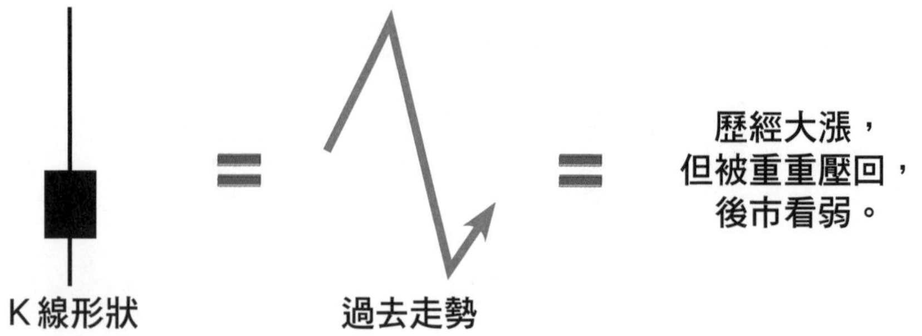
K線形狀
過去走勢
歷經大漲，
但被重重壓回，
後市看弱。

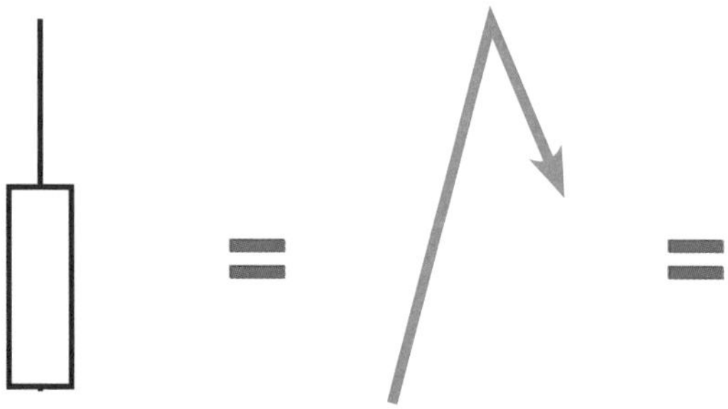

歷經大漲，
收盤被壓回。

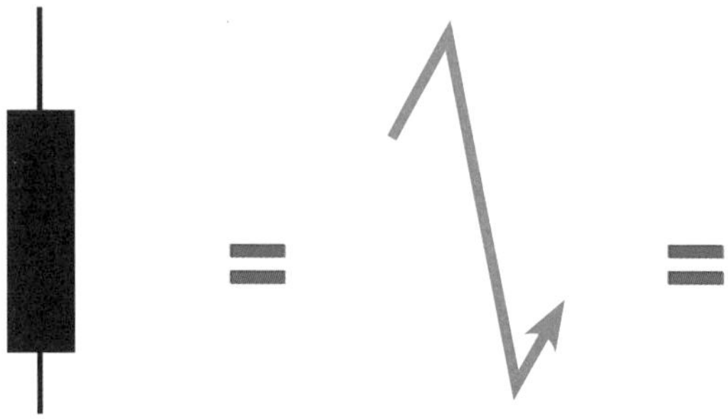

歷經大跌，
買盤看起來很弱。

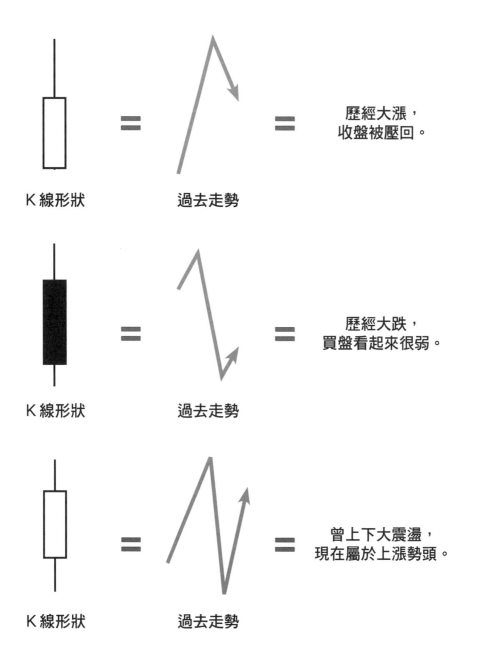

曾上下大震盪，
現在屬於上漲勢頭。

Point 02 組合K線的合併

K線很單純的記錄了某一個時間段內的行情走勢，死背圖譜、硬套公式是沒有意義的，重點要能將兩條、三條甚至更條K線合併後分析，以合理的推論出市場的運動方向，如此判斷行情就簡單多了。

兩根或多根K線併為一根K線方法其實很簡單－－整個併線的最高價、最低價就是整組併線的最高價與最低價；而併線後的開盤價就是第一根併線的開盤價，併線後的收盤價就是最後一根併線的收盤價。

▷ 合併前陰線多，上影線長

由此讀者可以推演出，若把好幾根陰線的K線合併，即使在這一群K線中間帶有幾根陽線，也很容易出現帶長上影線的K線，在前一節特別把這種圖形做過分析，這是屬於空頭氣氛濃厚的K線形狀，價格不容易上漲。

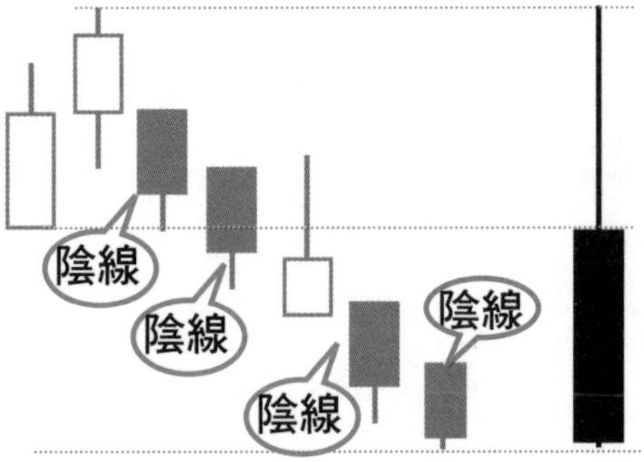

▷ 合併前陽線多，下影線長

相對的，若把好幾根陽線的K線併在一起，即使在這一群K線中間帶有幾根陰線，也很容易出現帶長下影線的K線，這是屬於多頭氣氛濃厚的K線形狀，價格不容易下跌。

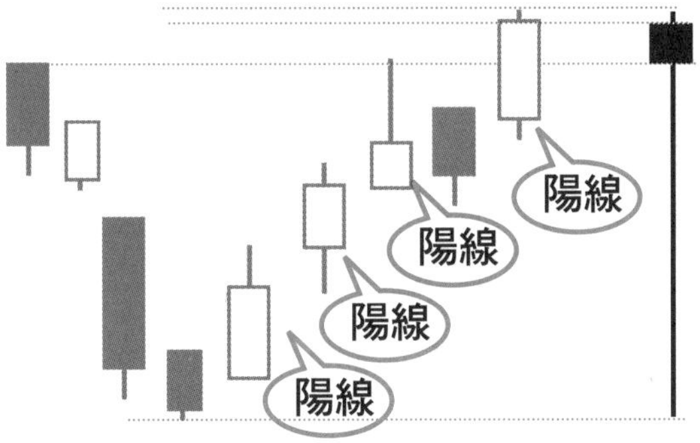

▷ 實體大動能足，實體小動能弱

另外，多根K線合併後，中間的實體愈長，代表動能愈大，也就是說，如果陽線中間的實體紅棒棒愈長，上漲的勢頭就愈猛；如果陰線中間的實體黑棒棒愈長，下跌的勢頭就愈猛。相對的，若是合併後中間的實體很短，那就意味著上漲（下跌）的動能不足。

這種「動能足不足」的問題，對熟悉股價圖的投資人很好用，因為它代表著行情未來還會朝既有的方向是強勢的挺進中？還是已經出現疲態？了解合併K線的投資人總能在第一時間快速的做出判斷。

＊ 2條線合併範例

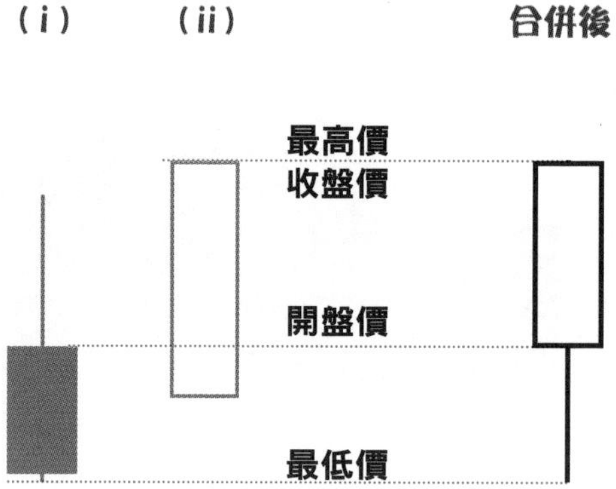

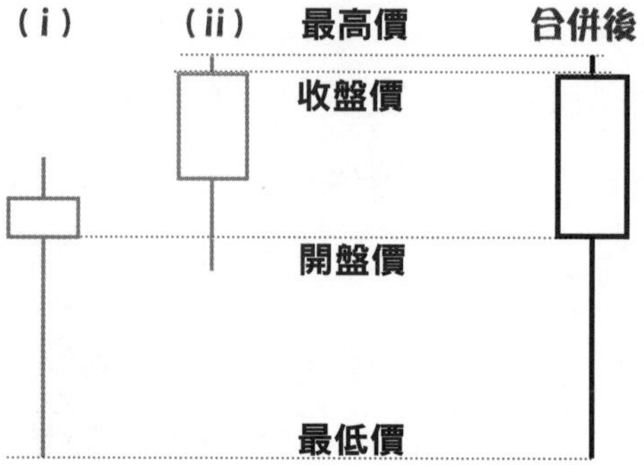

＊ 3條線合併範例

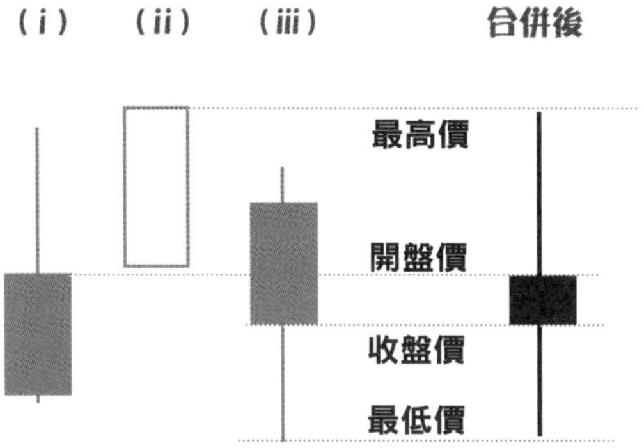

＊ 4條線合併範例

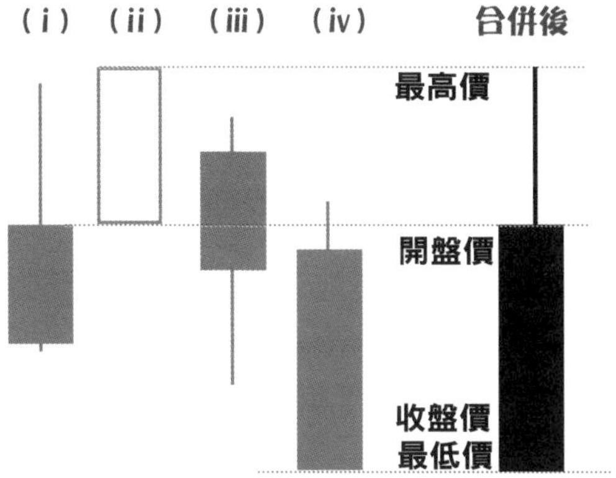

* 5條線合併（若K線是日線，五條合併就是一般的週線）範例

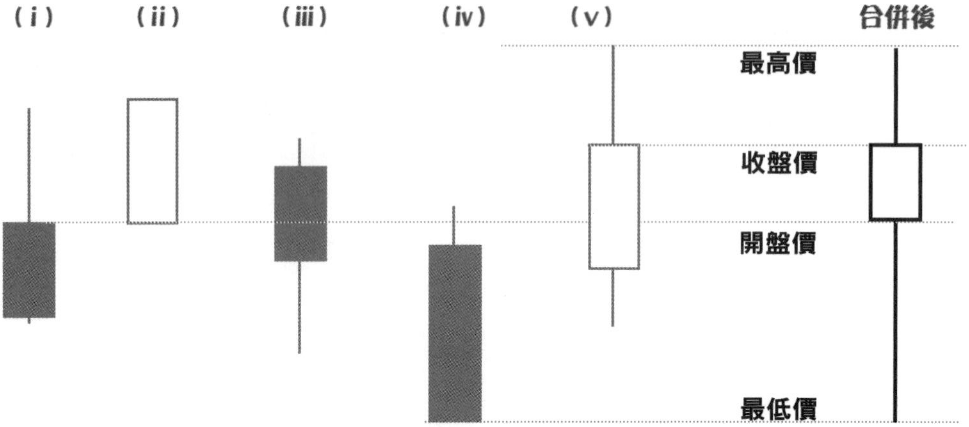

延續在前面所提過的單一K線也能看出行情之前歷史行情的說明，組合K線同樣能指出價格的歷史軌跡。

例如：

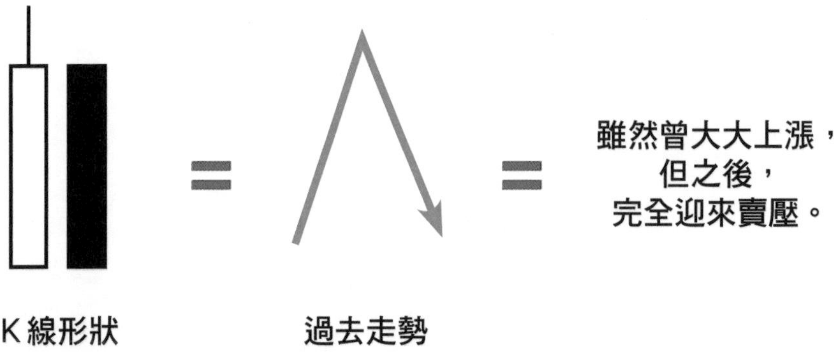

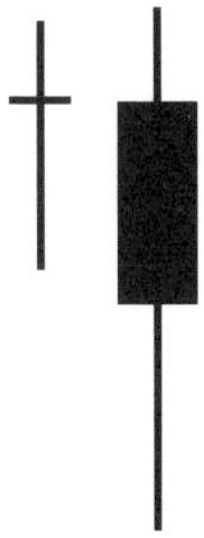

K線形狀

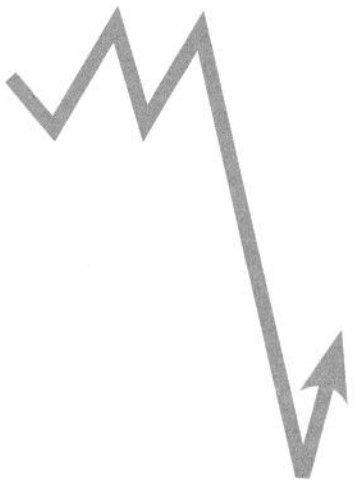

過去走勢

＝ ＝ 盤整後信心崩潰，
但下跌後，
低價有買盤。

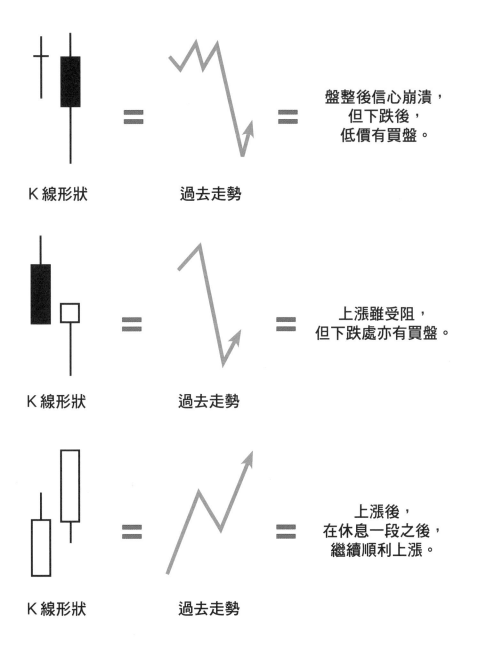

K線形狀

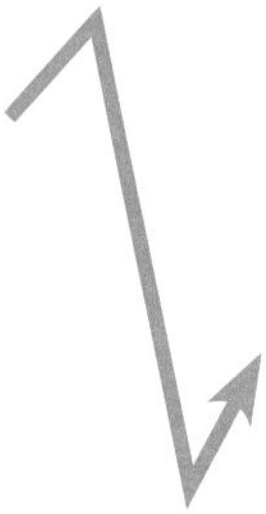

過去走勢

＝ ＝ 上漲雖受阻，
但下跌處亦有買盤。

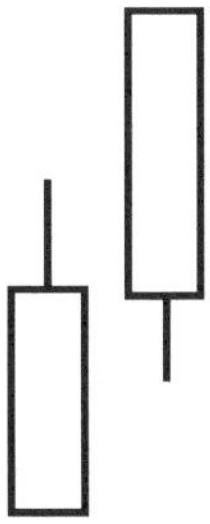

K線形狀

過去走勢

＝ ＝ 上漲後，
在休息一段之後，
繼續順利上漲。

Point 03 K線的基本排列組合

組合K線最基本的有：陽線→陽線、陽線→陰線、陰線→陽線、陰線→陽線等四種排列，如果再考慮兩者間的位置關係，還會有更多的類型。

讀過解構K線的書籍只要看到兩根K線、三根K線的組合外加相對位置的研判，算一算有上百種類型，要一個一個的死記不但容易忘掉，而且臨場也不好使用。接下來將就重要的組合關係做說明。

事實上，只要先把K線與K線排列的模式理解清楚，未來碰到再複雜的圖形，不需要死記也能舉一反三。

首先看第一根是陽線，如果第二根也是陽線，最高價與最低價都上升，毫無疑問可以預期未來是「光明」的。

第1根是陽線＋第2根是陽線

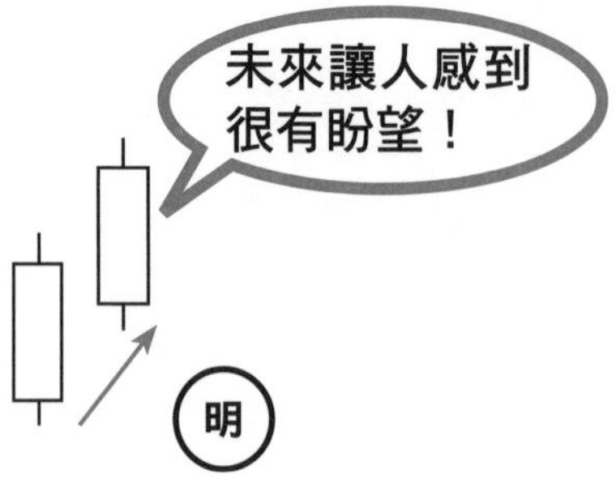
未來讓人感到
很有盼望！
明

第二種情況，如果第一根K線是陰線，第二根K線也是陰線，且

最高價與最低價都是下降，這種情況毫無疑問可以預期未來的發展是晦暗的。

第 1 根是陰線＋第 2 根是陰線

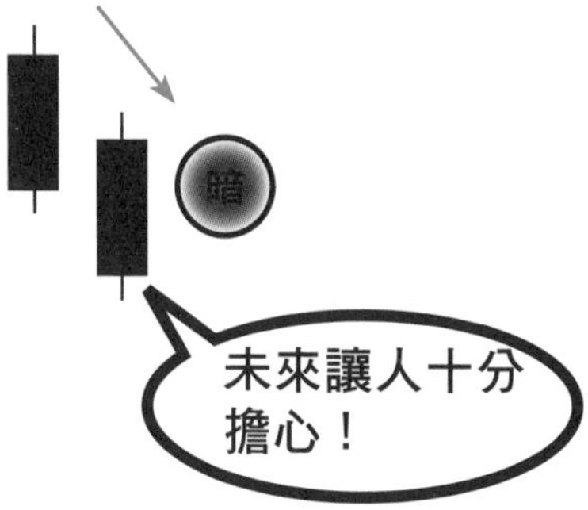

除了陽線加陽線、陰線加陰線的組合，下一個重點將要討論幾個比較有意義的組合K線圖形。包括平切、覆蓋、包線、孕線等四種圖形。

以下，請讀者多注意第二根線在第一根線的什麼位置。因為它代表的意義不同。

Point 04 K線的組合模型①：平切

如果第一天是陽線，第二天（以日線為例，以下相同）行情開高，收盤卻跌到與第一天的收盤價相同，這種排列是「平切」。

在切線的這個價位是需要特別注意的，因為這個價位是行情曾經大幅上漲過被壓回又跌不下去的位置，可見得在形成這個價位之前多空曾經歷一段激烈的交戰。

平切
雖然是開高，但收盤價與前一根陽線收盤價相同。
（切線）這裡賣壓可能增大，需注意。

假如第一天是陰線，第二天是開低走高的行情，若第二天的收盤價與第一天的收盤價同價「相切」，這個價位同樣是值得留意的，因為在形成這個價位之前行情經歷了多空激戰。

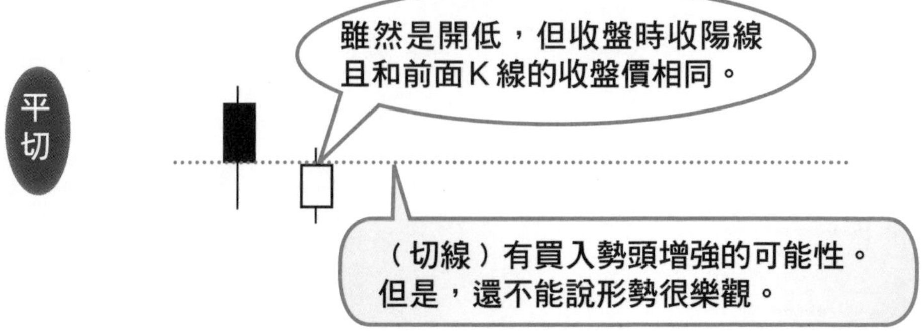
平切
雖然是開低，但收盤時收陽線且和前面K線的收盤價相同。
（切線）有買入勢頭增強的可能性。
但是，還不能說形勢很樂觀。

Point 05 K線的組合模型②：覆蓋

第一根是陽線，第二天的陰線收盤價已經「吃進」第一天的K線實體，也就是空方的力量已相當程度把前一天多方的力量壓制住，這種第二天勢力壓制過前一天反勢力的K線排列就是「覆蓋」，第二天陰線收盤覆蓋第一天陽線實體愈厲害，表示第二天的勢力愈強大。

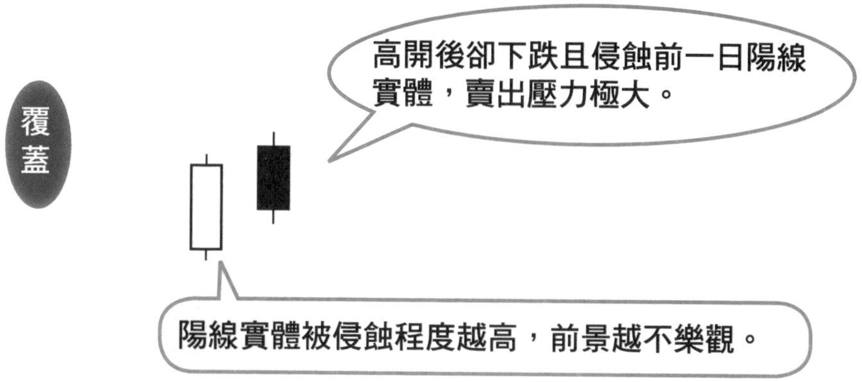
覆蓋
高開後卻下跌且侵蝕前一日陽線實體，賣出壓力極大。
陽線實體被侵蝕程度越高，前景越不樂觀。

若是這種陰線覆蓋陽線所發生的位置發生在行情上漲的末端（也就是行情已經漲一大段了）賣出的壓力就會更大，投資人此時應考慮是否漲勢已經出現變化了。

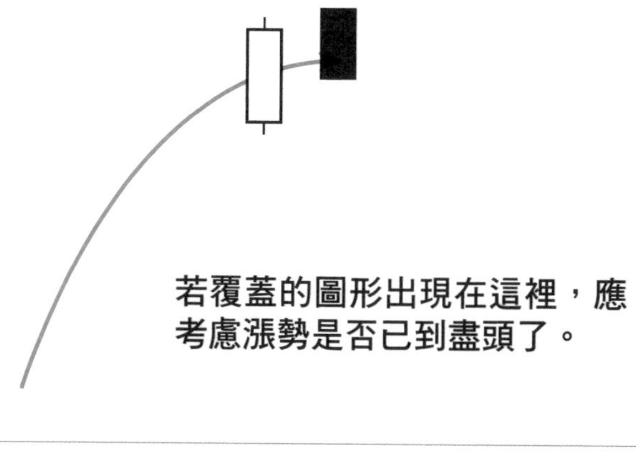
若覆蓋的圖形出現在這裡，應考慮漲勢是否已到盡頭了。

相反的，如果第一天是陰線第二天是陽線，且陽線開盤低於前一天最低價，但收盤在第一天陰線的實體內，收盤愈高就表示多頭的「覆蓋」力道愈強。

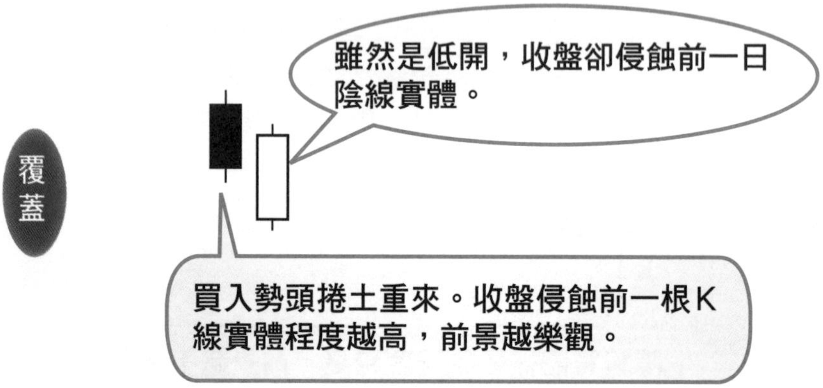
覆蓋
雖然是低開，收盤卻侵蝕前一日陰線實體。
買入勢頭捲土重來。收盤侵蝕前一根K線實體程度越高，前景越樂觀。

若行情處在跌很久了的跌勢末期，可以評估行情是不是要轉上漲了。

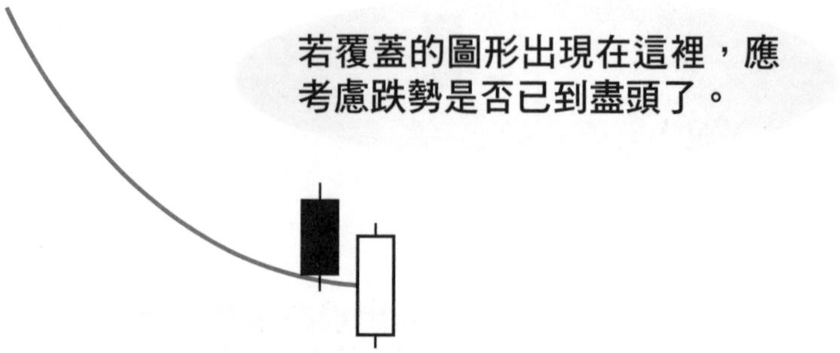
若覆蓋的圖形出現在這裡，應考慮跌勢是否已到盡頭了。

＊ 平切與覆蓋k線 範例一

①其出現的位置不算十分關鍵，只能說，在黑K線出現後，上漲會有壓力，另外，黑K線的收盤價與前一根陽線的收盤價「相切」，圖中標示「a」的地方，可以做為支撐與壓力的參考。

②黑K線在前一根長陽線後出現，但實體跟前面陽線實體相比很短，可以解釋在此上漲的勢力稍做休息，有可能休息過後繼續上漲。

③黑K線非常有代表性，一面來說，它的出現是行情長時間上漲之後；另一面來說，它的長度已經把前面的兩根陽線相連起來的實體幾乎「吃」掉了。所以之後的行情一定不能過度樂觀。

④兩根帶著長上、下影線的小陽線，說明在這裡投資人出現了猶豫，多空陷入拉扯。在③的黑K線出現後，行情看起來不樂觀，但④已經用時間把空頭氣焰「消化」掉一部份，所以，在④的圖形出現後，應該先觀望，之後行情仍繼續重新上漲，說明多頭勢力仍強。

＊ 平切與覆蓋k線 範例二

①的黑K線把前一根陽線實體全「吃掉」看起來很不樂觀，但前面我們也解釋過，若兩根陽線併在一起，可以當成一根陽線，圖示中「 a 」是長陽線，所以，這裡的黑K線可視為漲多了休息的訊號。

②黑K線完全在前一根大陽線的實體裡面，是「陽孕陰」的圖形，可以解釋多頭勢力「漸漸的」的減弱之中。

③的黑K線非常有代表性，一面來說，它的出現是行情長時間上漲之後；另一面來說，它的長度已經把前面的陽線實體全「吃」掉了。加上在②已出現「陽孕陰」的圖形，多頭勢力在此告終。

④的黑K線其影響的「勢力」應把前一根陽線「 b 」一起算進去，所以在這裡可解釋為上漲受阻，但後市如何應先做觀察。本例之後是盤整的局面。

Point 06 K線的組合模型③：孕線

孕線，顧名思義，K線的樣子就像婦女懷孕一樣，左邊一根大K線（陰陽均可，通常沒有上下影線，或只有很短的上下影線），右邊「生出」一根短短的小K線或十字線。

孕線出現，表示既有行進動能趨緩。

比方說，在下跌途中，先是一根長陰線，長陰線再生出一根小K線（小陰、小陽或十字線均可），意味著行情有可能從此會「生出」新生命，而且會讓既有的型態（跌勢）發生變化，也就是有可能轉為上漲。

不過，這種孕線的上漲不是一口氣就漲起來，而是像婦女生小孩一樣，需要時間慢慢把行情拉上來，也有可能先繼續之前的走勢，再慢慢上升。

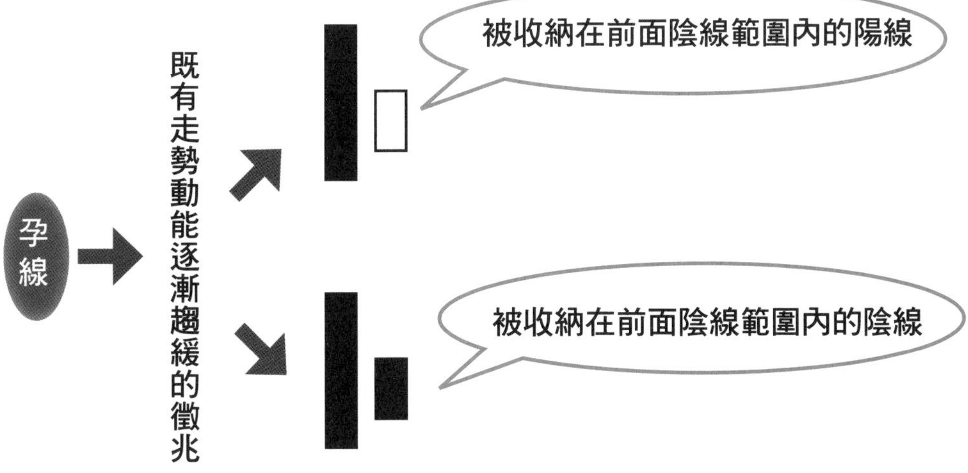

如果是上升途中，孕線道理也一樣，比方說，在一根長長的大陽線之後出現一根小K線（小陰、小陽或十字線均可），也有可能讓既有的上漲走勢和緩的「孕」出下跌的走勢。

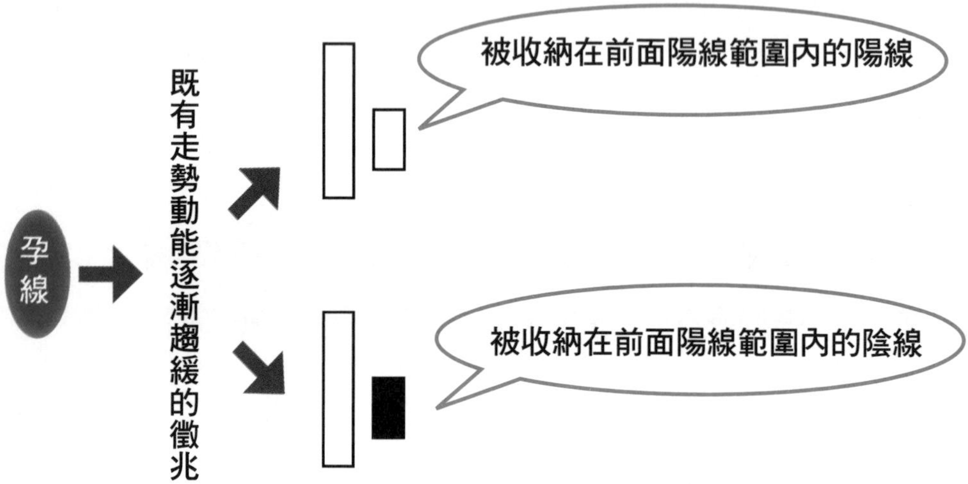

孕線，不一定只「孕出」一根小K線，也有可能生出幾根小K線，判讀原則相同。

為了保險起見，出現孕線之後先不要立刻買或賣，應該再等下一根K線，也就是把下一根K線視為「確認線」，感覺是漲勢若接著出現陽線的「確認線」就買進；感覺是跌勢若接著出現陰線的「確認線」就賣出。

＊ 孕線 範例一

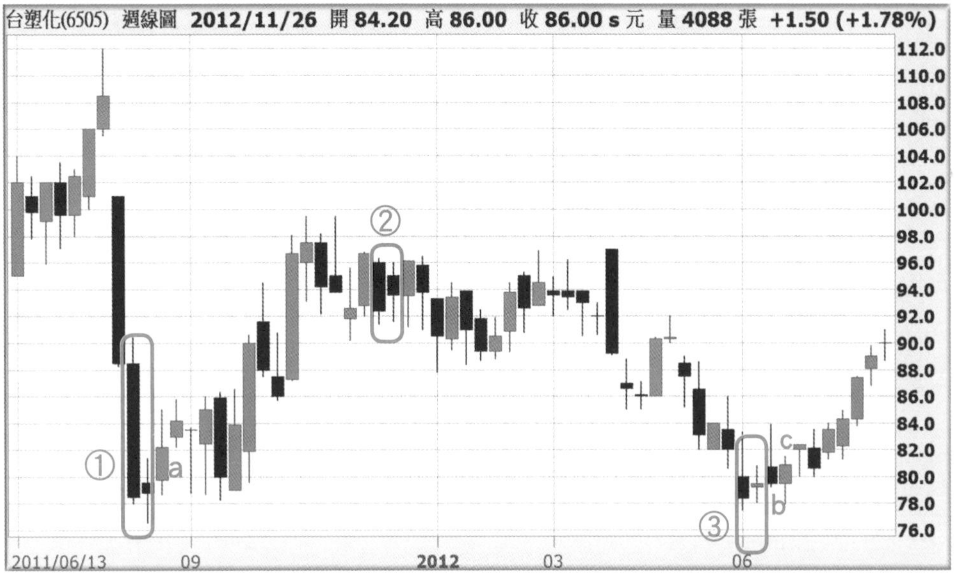

①在一段跌勢下，長陰線之後出現小陰線，說明原先已經急跌的勢力已經減弱了，行情不一定會立刻出現反彈，但可以觀察次一根 k 線，有可能開始從跌勢中「孕育」出上漲的行情。圖中「 a 」是上漲的陽線，在「 a 」之後，可以預期新行情將開始上漲。

②是「大陰孕小陰」的圖形，但這在裡幾乎沒有什麼特殊的意義，因為出現的位置是在一段盤整的局面，所以看行情時，可以忽略。

③是陰線孕育出十字線的圖形，在這裡可以留意止跌是否「即將」出現，為什麼說「即將」呢？因為出現在這裡的位置雖然是跌了一段時間之後，但陰線的實體短，且十字線代表「猶豫」，圖示中的「 b 」是上漲的，但卻收黑，在此仍應觀望。但到圖示中的「 c 」之後，可以預測原本下跌的行情應該可以開始得到支撐，有機會上漲了。

＊ 孕線 範例二

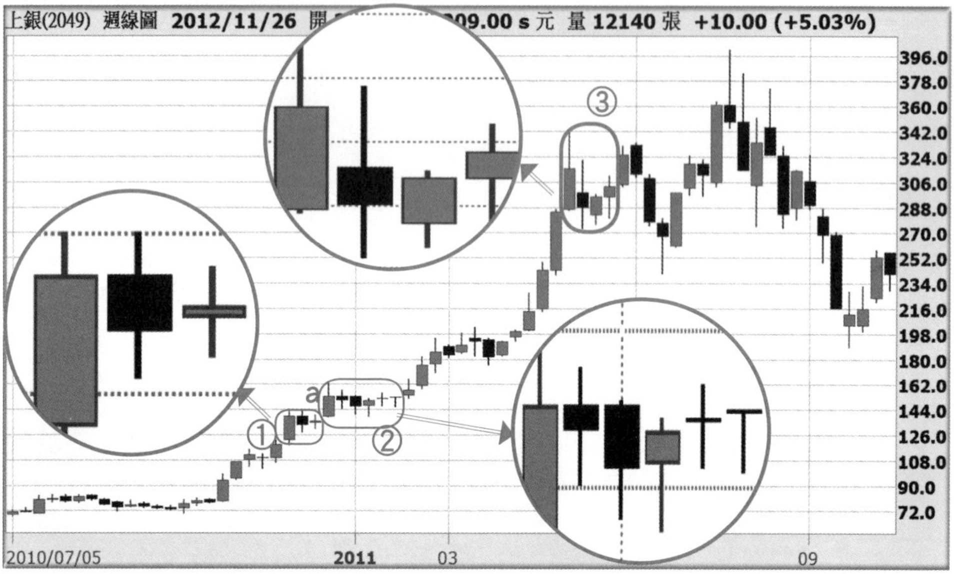

①在上升的行情中出現陽孕陰的排列，只能說是「漲勢漸緩」，不一定是立刻下跌的訊號，這裡連續孕出兩根小Ｋ線，前面提過，應該看孕線之後的走勢再做決定，圖示中「a」是上升的陽線，若擔心行情漲太多不敢買，是合理的，總之，不要在這裡錯誤的採取賣出就算合格了。

②大陽線孕出一連五根Ｋ線，全都在大陽線的實體內。跟①一樣，不能立刻做判斷，應等之後的行情再做決定。

③是在一段很長時間上漲之後，出現帶長上影線的陽線，行情在這裡單就技術面來看，非常有下跌的可能，尤其之後連續孕育出三根小Ｋ線，說明行情在這裡真的該休息了。之後的行情雖然還向上漲了一根Ｋ線，但之後行情還是不得不休息。

Point 07 K線的組合模型④：包線

包線與孕線的方向相反，包線指的是右邊的K線把左邊的K線像包裹東西一樣整個包進來。學看包線可以先排除掉左右都是陽線或左右都是陰線的包線形態，因為左右都是陽線，等於是一根大陽線；左右都是陰線，等於是一根大陰線，所以兩者意義不大。

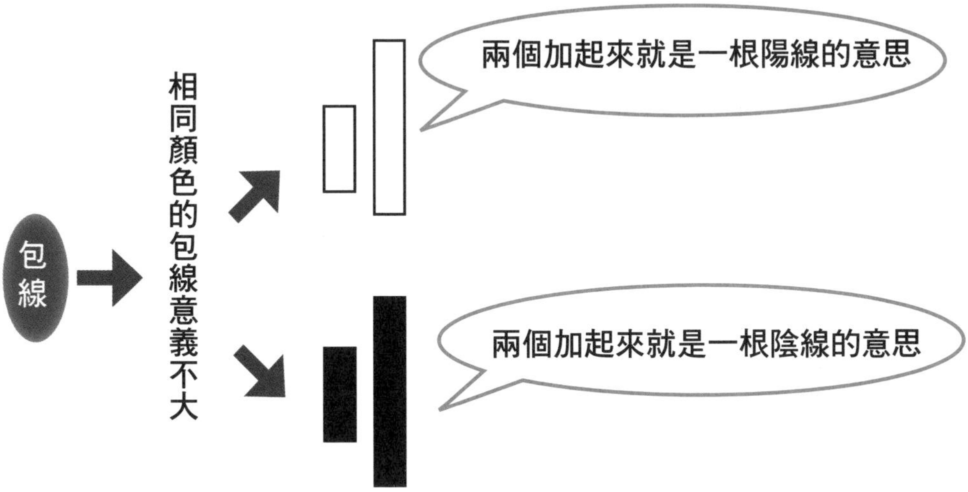
包線
相同顏色的包線意義不大
兩個加起來就是一根陽線的意思
兩個加起來就是一根陰線的意思

有意義的包線是兩根K線不同顏色，其重要的有兩個意義：

1.「反轉」－－跌轉漲、漲轉跌。

2.「騙線」－－看起來是要反轉，但其實只是主力刻意做線引散戶上鉤；或者是因為行情在行進途中，剛好遇到重要均線、前一波密集套牢區、整數關卡或是黃金切割率等等而出現騙線的情況。

＊ 範例：陰包陰、陽包陽是沒有意義的

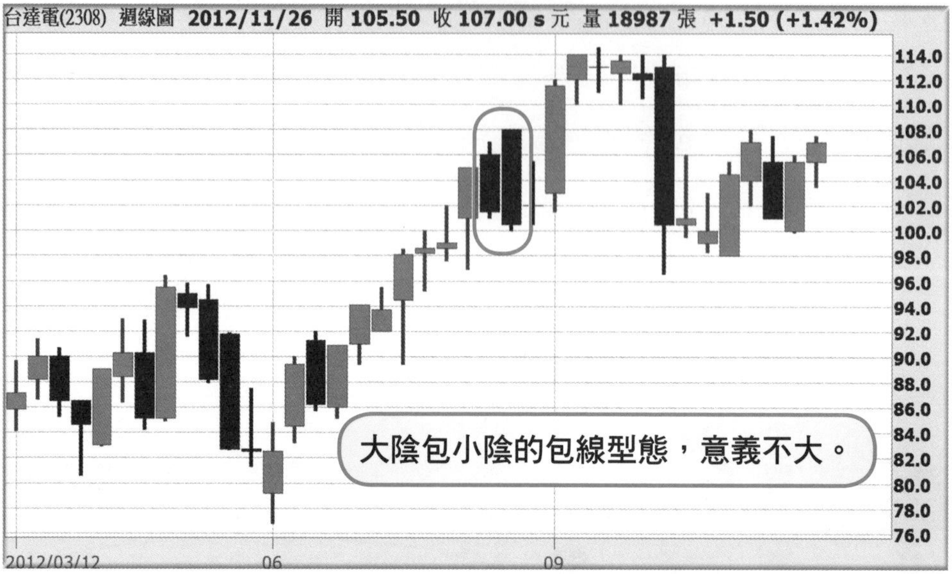

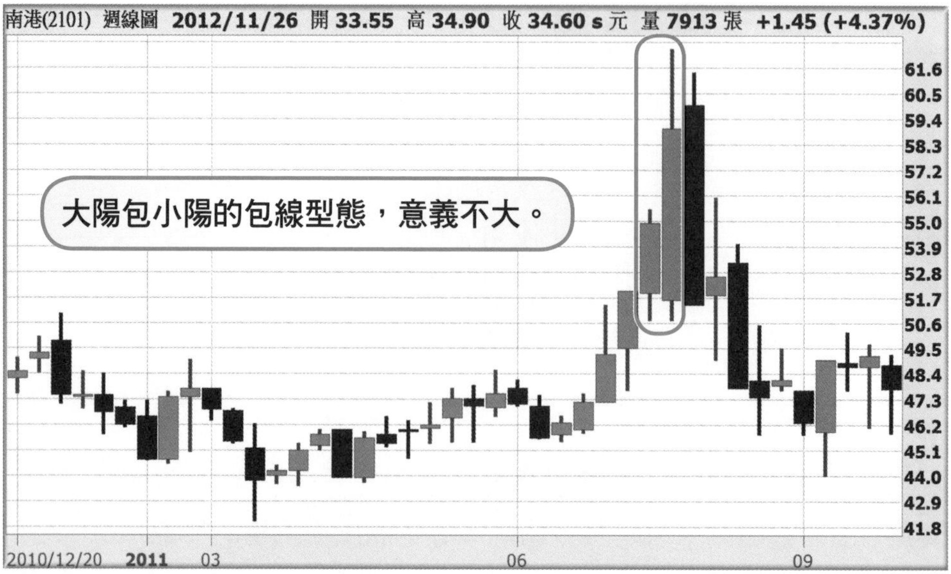

看到這裡，投資人可能覺得「包線太複雜、太模糊了吧！」其實不然，只要再把發生的位置想清楚就簡單多了。

前面我們已經排除「陰陰」、「陽陽」這種沒有意義的包線， 但若是在波段的高點（意即：已經漲一段時間了），出現陰包陽，也就是一根大陰線把前面的陽線吞吃掉，則屬於下跌的強力訊號：

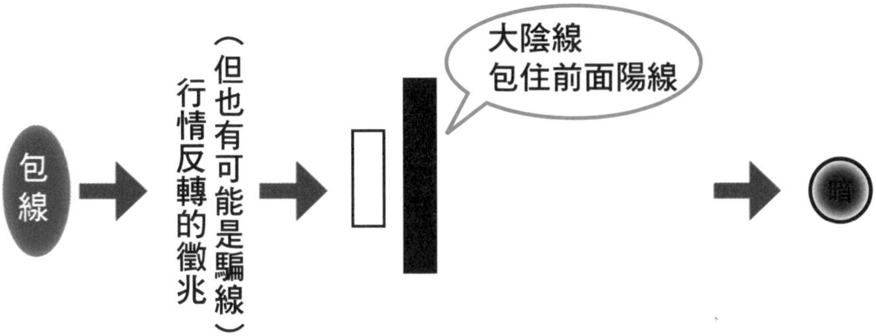
包線
行情反轉的徵兆
（但也有可能是騙線）
大陰線
包住前面陽線

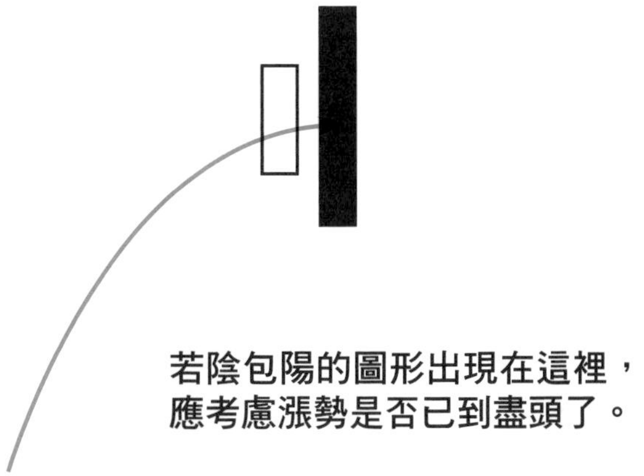
若陰包陽的圖形出現在這裡，
應考慮漲勢是否已到盡頭了。

而若是在波段的低點（意即：已經跌一段時間了），出現陽包陰，也就是一根大陽線把前面陰線吞吃掉，是上漲的強力訊號：

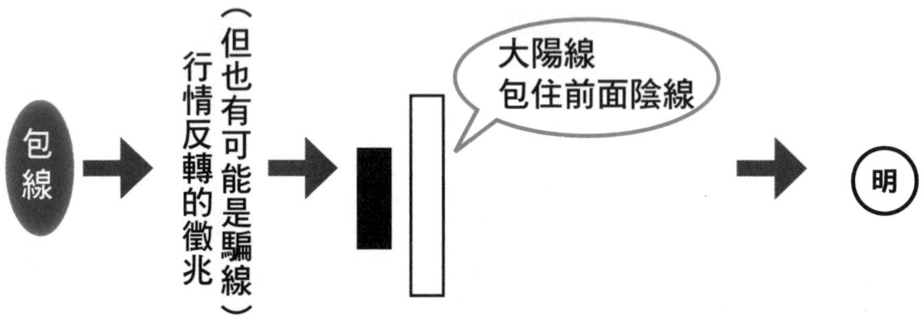
包線
行情反轉的徵兆
（但也有可能是騙線）
大陽線
包住前面陰線
明

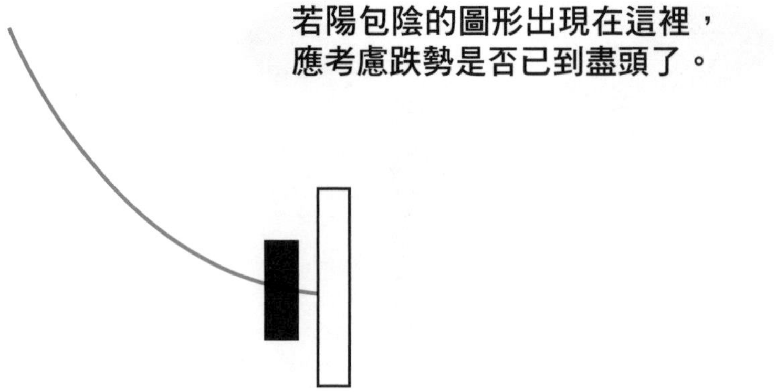
若陽包陰的圖形出現在這裡，
應考慮跌勢是否已到盡頭了。

＊ 有意義的包線 範例一

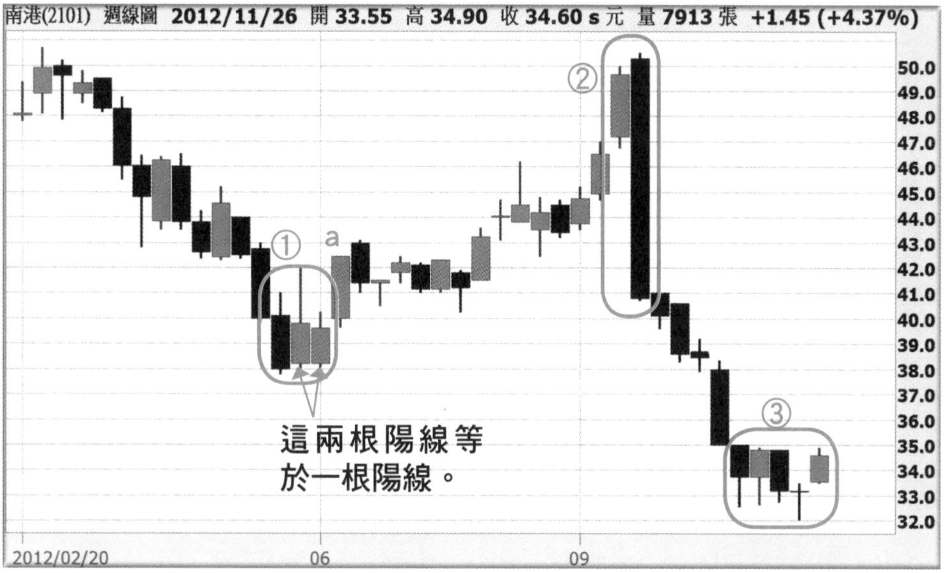

①是下跌途中「陰孕陽」的圖形，預示行情即將止跌，在圖示「a」出現後，止跌確認。

②在上漲途中出現一根大陰線包住前面的陽線（其實是一連好幾根陽線），逆轉之前上漲的走勢。一般純就技術面來看，若太強烈的下跌通常會先反彈一些，但顯然是基本面太糟了，以本例來看，跌到近期最低價還沒有支撐，直到③出現成排的下影線才讓人感覺「未免也下殺得太過份了吧！」而得到支撐。

＊ 有意義的包線 範例二

①上漲途中大陰線包住陽線。預示行情逆轉。

②下跌途中長陽線包住陰線。預示行情逆轉。

③上漲途中大陰線包住陽線。預示行情逆轉。

▷ 包線，也有「騙線」

包線的「騙線」，通常因為投資人對後市看法有疑慮，一有風吹草動就慌張的買進或賣出，讓既有的走勢突然很唐突的來一根逆走勢的K線，但等到大家冷靜後又走回既有的路徑而出現「騙線」。

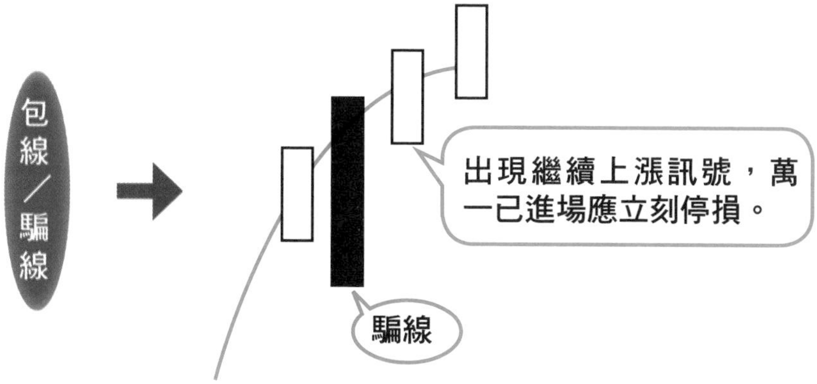
包線／騙線
出現繼續上漲訊號，萬一已進場應立刻停損。
騙線

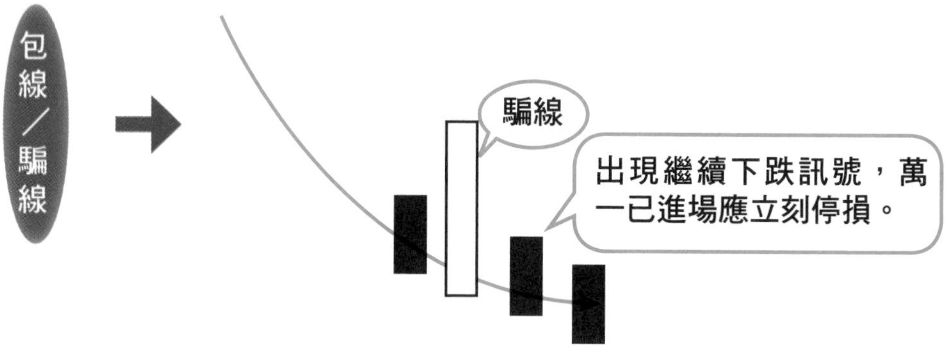
包線／騙線
騙線
出現繼續下跌訊號，萬一已進場應立刻停損。

而騙線又分「人為蓄意操縱」或「投資人們一起不理性的做為」。前者很容易理解，主力為了打壓行情或蓄意拉抬都有可能；後者就像剛好處在套牢區、黃金切割率等等。

當行情在下跌的途中，突然出現一根大陽線，把前面的K線整個包起來（吃掉），但隔天／週並沒有順利上漲而是繼續下跌，就可稱它是「騙線」；或者是行情在上升的途中，突然出現一根大陰線，把前面的K線整個包起來（吃掉），但隔天／週並沒下跌而是繼續原有的上漲走勢，這也是騙線。

＊ 騙線的範例

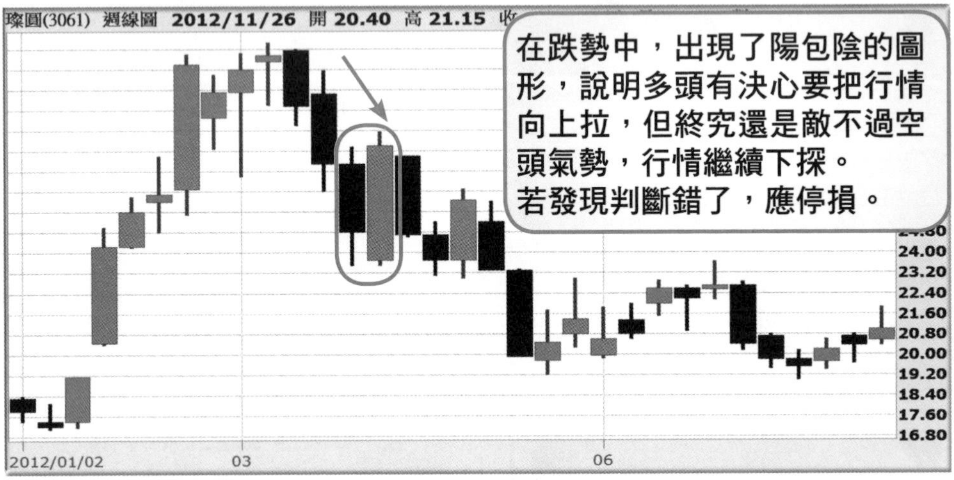

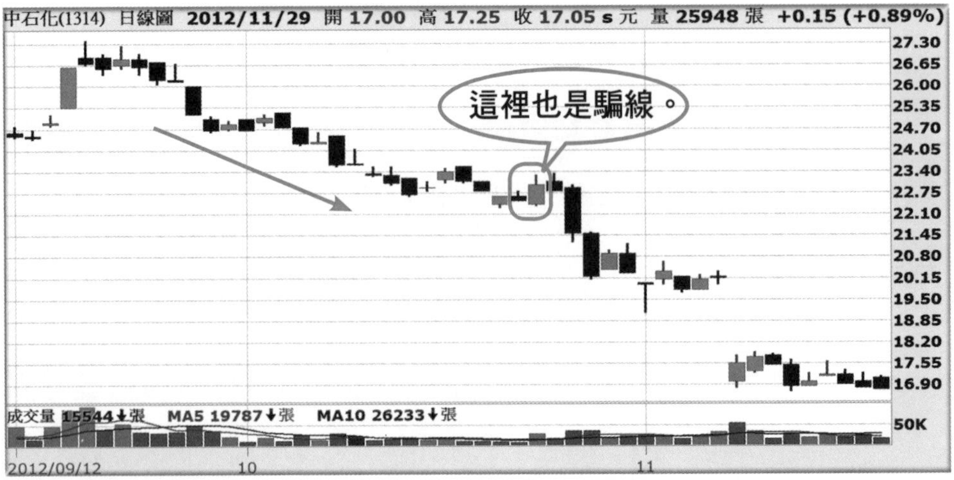

Point **08**
跳空

K線與K線的關係，除了前面說明的幾種關係外，最引人注目的是在K線與K線之間出現「空間」的類型，這種空間被稱為「跳空」。跳空如果出現在上方，其原因是第2根K線在超過第1根K線的最高價開盤、顯然漲勢猛烈。

＊ 跳空產生的過程 （跳空出現在上方的情形）

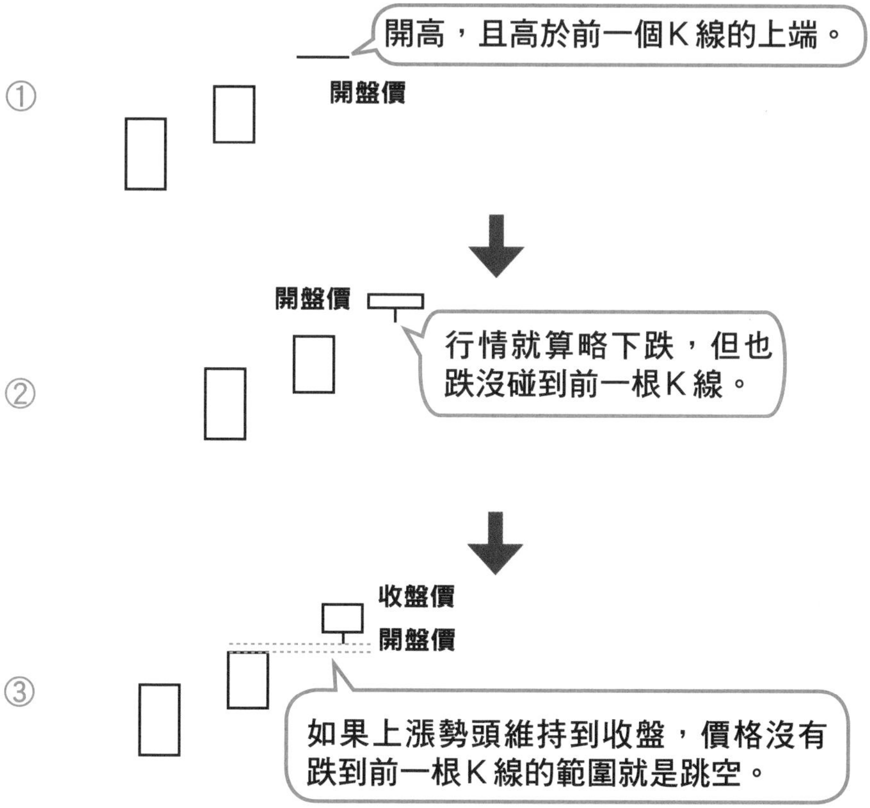

開高，且高於前一個K線的上端。
①
開盤價
開盤價
行情就算略下跌，但也跌沒碰到前一根K線。
②
收盤價
開盤價
③
如果上漲勢頭維持到收盤，價格沒有跌到前一根K線的範圍就是跳空。

但是，即使開盤價的位置在前一根K線之上，如果之後股價下跌，使得第1根K線的最高值和第二根K線的開盤價之間產生的空間被填補，結果就是補空，如果K線變成這種形狀，這種型態應當視為「漲勢驟然變弱，逆向力量突然增強」。

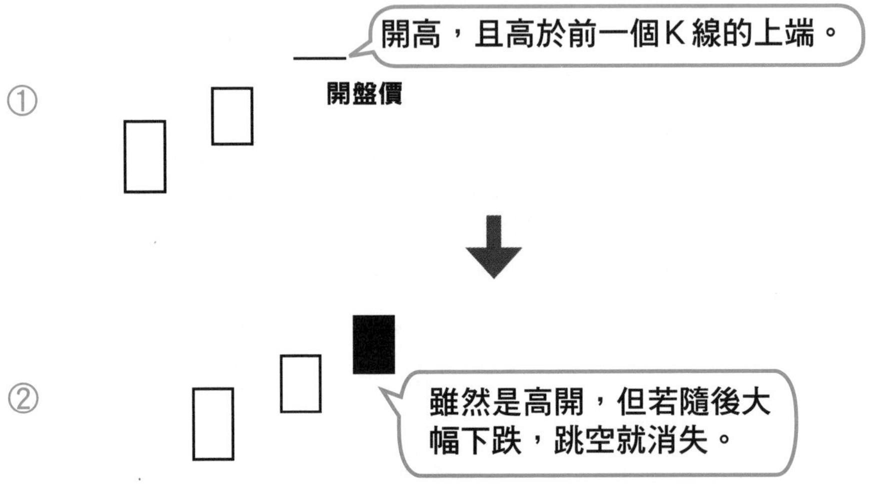
①
開高，且高於前一個K線的上端。
開盤價
②
雖然是高開，但若隨後大幅下跌，跳空就消失。

▷ 重要的跳空與不重要的跳空

跳空在K線分析中雖然是很重要的訊號，但並不是說一旦出現了跳空就都應該關注。如果是流動性較低的企業，因為參與人數少K線會頻繁地跳離前一根K線的行情範圍。在這種頻繁波動當中，出現的跳空也很快會被填補。這種跳空，被稱為「普通跳空」，這種跳空是不重要的。

＊ 重要vs不重要跳空

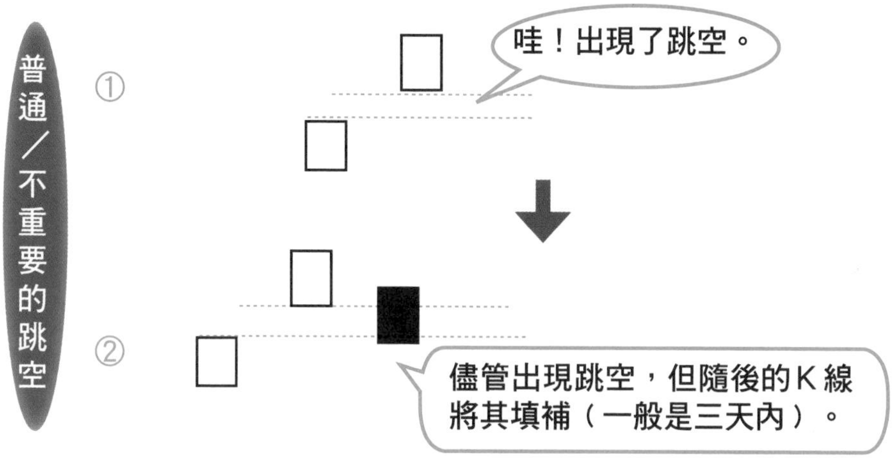
普通／不重要的跳空
①
哇！出現了跳空。
②
儘管出現跳空，但隨後的K線將其填補（一般是三天內）。

重要的跳空是在行情的壓力區、支撐區或平穩的暫停位置出現跳空，關鍵位置突然出現跳空，往往是行情再進一步發展的重要訊息。

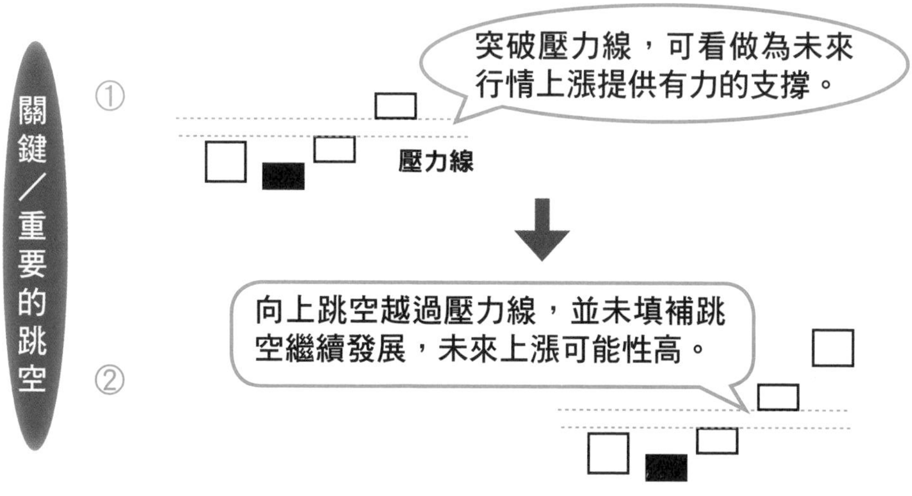
關鍵／重要的跳空
①
突破壓力線，可看做為未來行情上漲提供有力的支撐。
壓力線
②
向上跳空越過壓力線，並未填補跳空繼續發展，未來上漲可能性高。

＊ 跳空範例一（重要的跳空）

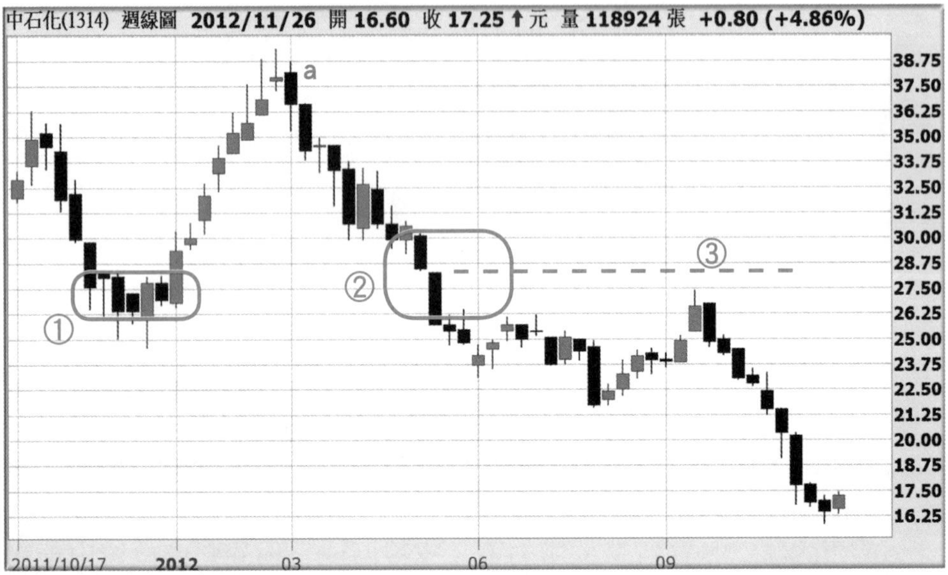

①這裡是行情在還沒有走到②之前的「前一波低點」。當價格從圖示中「a」點向下跌之後，投資人會以這裡的價格帶當成重要的支撐。

②價格在①這個重要的支撐價位上多頭顯然完全棄守，而且有「落慌而逃」的急迫感，投資人可以從兩根大陰線中間留下一個「跳空」做為判斷。這個「跳空」是很重要的，因為之後的行情並沒有立刻「補空」，說明價格在這裡是個很大的壓力，行情不容易突破。

③從「跳空」的位置可以畫一條水平線，這裡是很重要的壓力區。

＊ 跳空範例二（重要的跳空）

這張圖的解釋跟前面範例一完全一樣：

①這裡是行情在還沒有走到②之前的「前一波低點」。當價格從圖示中「a」點向下跌之後，投資人會以這裡的價格帶當成重要的支撐。

②價格在①這個重要的支撐價位上多頭顯然完全棄守，而且有「落慌而逃」的急迫感，所以兩根大陰線中間留下一個「跳空」，這個「跳空」是很重要的，因為之後的行情並沒有立刻「補空」，說明價格在這裡是個很大的壓力，行情不容易突破。

③從「跳空」的位置可以畫一條水平線，這裡是很重要的壓力區。

＊ 跳空範例三

①兩根大陰線間的跳空，說明在當時投資人極度沒信心，紛紛不計價格的拋出股票，但在不久(一般指三根K線以內)就回填了(圖示中的「a」)這裡的跳空就變成一個很普通的不重要的跳空了。

②的情況跟①一樣，都是很快的就回填了(圖示中的「b」)。假設行情沒有圖示中的「b」出現，投資人一定要很小心，因為在這裡剛好是前波高點的位置，若跳空又不回填，說明這裡壓力很大。

③是一個上漲的跳空，並沒有立刻回填，說明這裡有「支撐」，在行情超過三根K線之後，跳空若一直沒有回填，可以從跳空的位置畫一條支撐線④，當行情拉回靠近時，可以考慮做多，但是萬一做多買進後，價格沒有上漲反而下跌，說明行情下跌趨勢很強，支撐線不起作用，此時可選擇停損出場或反手放空，總之，跳空位置就是個關鍵的價位。

＊ 跳空範例四

①、②、③的行情都一樣，均在強力上升的行情中，K線一直向上跳空的情況，一般會把波段的第一根跳空缺口稱為「突破缺口」，第二根以後的缺口稱為「持續缺口」，最後一根跳空缺口稱為「竭盡缺口」，但除非搭配基本面與消息面，否則並不容易分辨缺口何時會停止，只能說行情總是「過猶不及」，有急漲的向上跳空缺口，就容易引來短線客獲利了結的拉回，而一口氣就把缺口回填。因此，投資人必需小心。

▷ 跳空填空

股價以跳空的狀態上漲或是下跌，意味著目前處於行情激烈變化中，基於人類討厭（或說疑慮）變化的天性，當激烈的變化真的發生了，就會萌生疑問或是擔心的想法。

於是，在跳空之後就會出現許多想在下跌前賣出，或想在上漲前買進的人，因此股價就可能會回到跳空前的狀態，而把曾經跳空的部分填上，這裏就稱為「填空」。

「填空」比起週K線和月K線，日K線出現的機率更頻繁。

不過，不是跳空後一定填空，若勢頭太強也有不填空的可能。

Point 09 行情逆轉前常見的K線組合

K線只是記錄一小段時間的四價，它代表的是一個短線的勢頭(一日、一週、一個月……)，雖然這個短線勢頭可能是關鍵的價格轉折，但怎麼說它還是必須配合整體趨勢來看，所謂的「形勢比人強」，因此，儘管K線標示著某種行情的方向，可是回過頭來應該首先考慮的是它所發生的位置，也就是說，這單一根K線或某一個K線的群組，它出現在行情的那一個階段，是上漲的末期？下跌的末期？還是盤整行情的中間段？

對研判行情而言，「位置」是相當重要的。

▷ 形勢比人強，請注意位置。切記！趨勢優先

例如，孕線是既有的走勢趨弱，行情處於膠著狀態的線圖，若不配合它所出現的位置就無法進一步判斷。

另外，在暴跌後出現大漲的底部圖形「啟明星」與暴漲後預示著行情已經力氣用盡的「黃昏星」也都要配合圖形出現的位置。

K線的加強判斷法都是一樣的，要先確認圖形出現的位置，再根據K線的排列，才能有效預測。

以下整理10個常見重要的K線組合，包括由弱轉強的五組與由強轉弱的五組。

＊ 行情由弱轉為強勢時經常出現的組合

①孕線

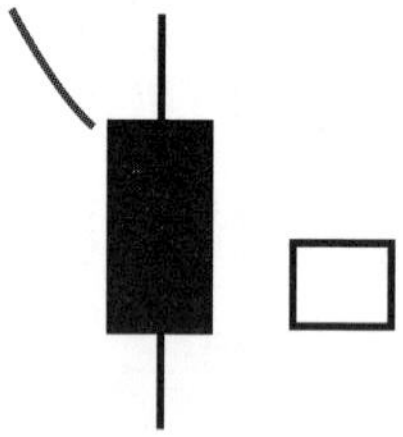

在前一天的下跌幅中展開回升。

②抱線

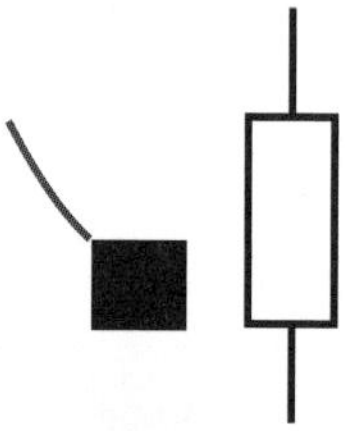

包住前一天的下跌，在次日出現上漲。

③切入線

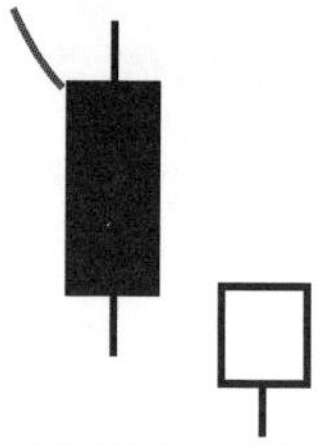

繼續前一日的下跌，出現進一步下跌後反彈上漲。

④啟明星

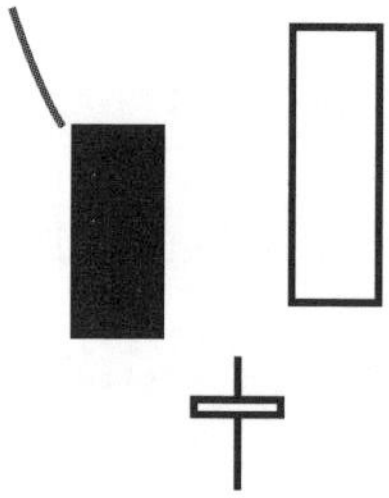

在2天間的暴跌後出現大幅的回升。

⑤鑷子底線

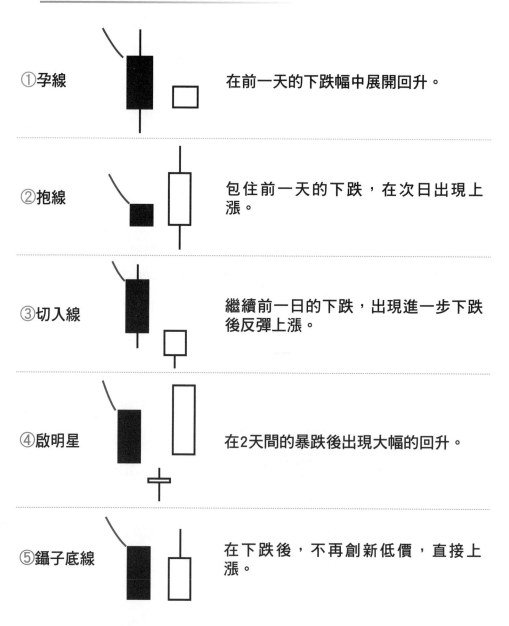

在下跌後，不再創新低價，直接上漲。

＊ 行情由強轉為弱勢時經常出現的組合

①孕線

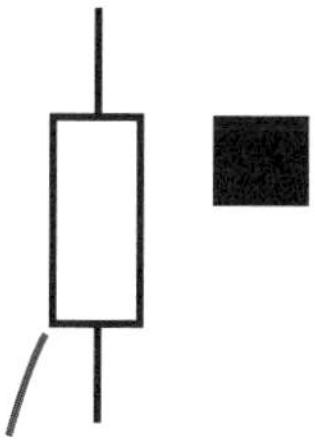

在前一天的上升幅度中展開下跌。

②抱線

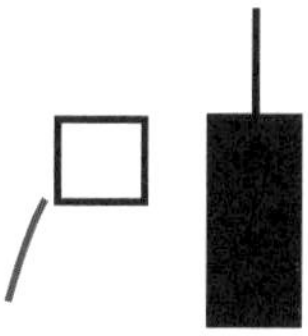

包住前一天的上漲，在次日出現下跌。

③覆蓋線

繼續前一日上漲出現進一步上漲但卻無力反被壓回來。

④黃昏星

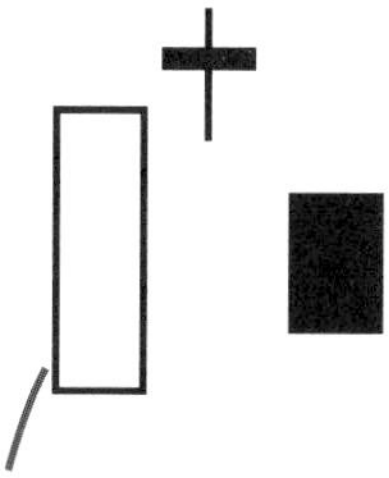

在兩次暴漲後出現大幅下跌。

⑤鑷子天井

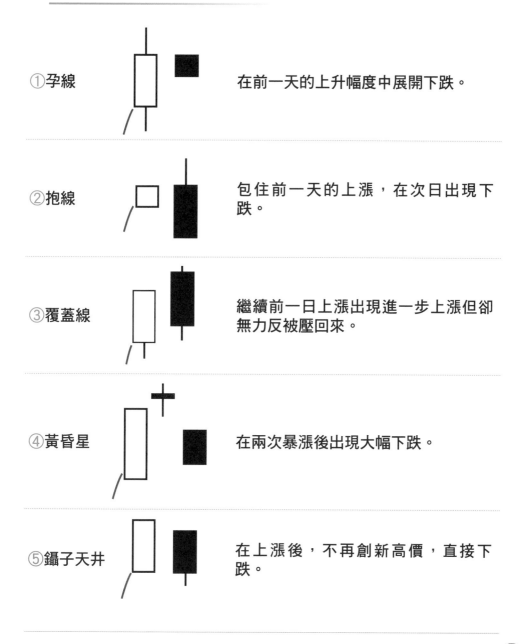

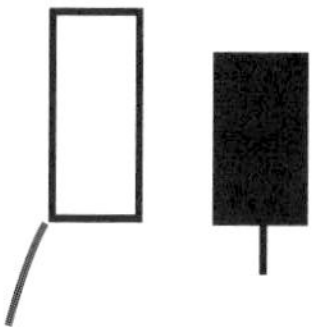

在上漲後，不再創新高價，直接下跌。

Point 10 進行K線預測

儘管「較長的上影線＝慘澹的形勢」「較長的下影線＝明朗的形勢」，但即使出現了較長的上影線或較長的下影線，也並不等於那就是行情的轉捩點。

觀察股價圖可知，常見到在漲勢中出現了帶長上影線的「慘淡」訊號，但價格卻繼續上升的情況；相同的在下降走勢中雖然出現下影線較長的K線，但行情卻不受影響繼續下跌的情況也很多。

▷ K線判斷，不能忽略整體走勢

如此，該如何應用K線判斷呢？

要把握股價的整體走勢！

例如，雖然未擺脫跌勢，但行情已經沒有再創新低，這時若出現了帶較長下影線的K線，就可以預測「可能不久會反彈」。但是，是否真正出現反彈呢？

如果不觀察下一根K線之後的走勢也無法知道。何況在股價下跌的過程中，若沒有出現止跌的跡象，即使出現了帶著長下影線的K線，也不能就此認為「要反彈了」。也就是說，K線的行情判斷，與它出現在什麼位置很有關係。

因此，雖然K線很重要，不過，不能單憑K線就進行買、賣的判斷，用務實的說法來說明就是，K線的實際用處在於已經從其他條件判斷出「今天股價在╳╳以上，可以買入」，但最後參考K線，它成為臨門一腳的關鍵決定者。

如從技術分析的角度看，行情若突破長期平穩的高價線（壓力線），可視為價格要向上啟動信號，但此時K線若是陰線、或出現K線帶著較長上影線，買進前就得先觀望，因為從K線的角度來看，實際上是存在著「賣出的壓力很大」的味道，投資人可以在心裡頭盤算著「行情目前僅僅是勉強超過盤整而已，如果要維持強力的走勢還需要努力，因為從K線來看，讓人懷疑此後維持走勢的能力。」如此，投資人應該作出「雖然出現買入信號，但先不出手」的決策。

▷ 預先做好對K線走勢的預測

再假設，買進的股票價格一直在穩步上漲中，但一段時間後卻出現了帶長上影線的K線。在這種情況下，儘管你認為長上影線只是由於行情在創新高，仍可以繼續持有，但至少也應有「已經出現很長的上影線了，行情是否太高了呢？」的警惕。

每日、每週、每月都會生成新的K線。每次新增K線前，投資人要對即將出現的K線進行預測，即設想可能出現哪種類型的K線？以及圖表會有哪些變化？以便決定採取的行動。若能這麼做，交易決策就更能了然而胸。

＊ 要習慣對下一根K線做預測，並做好準備

範例一

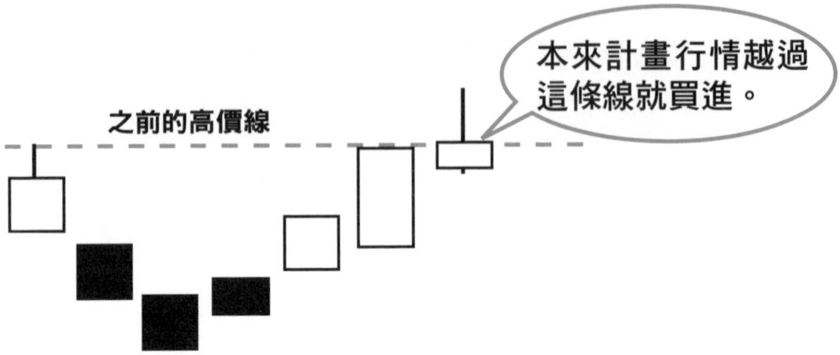
本來計畫行情越過這條線就買進。
之前的高價線

判斷 雖然已超越高價線，但有長上影線…

應對 有賣壓增強的可能性，應再觀察1天。

範例二

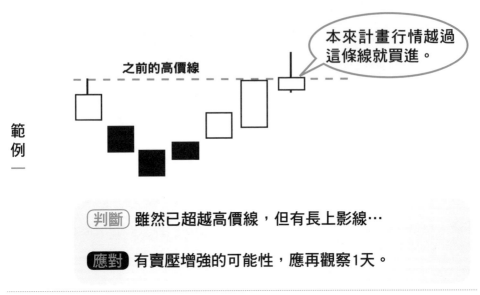

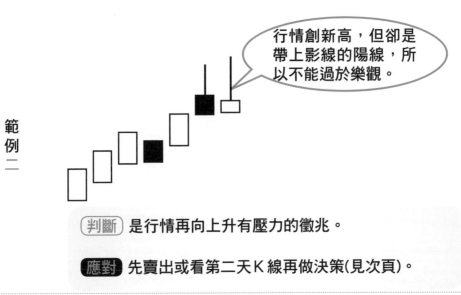

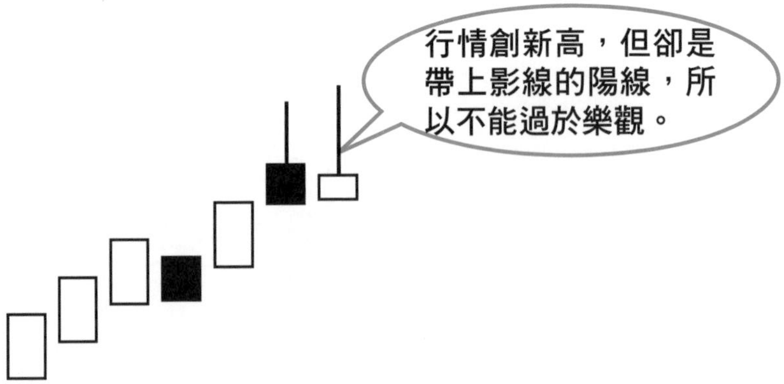
行情創新高，但卻是帶上影線的陽線，所以不能過於樂觀。

判斷 是行情再向上升有壓力的徵兆。

應對 先賣出或看第二天K線再做決策(見次頁)。

＊ 對不確定的行情，應事先演練好「劇本」，臨場就不慌張

範例二之1

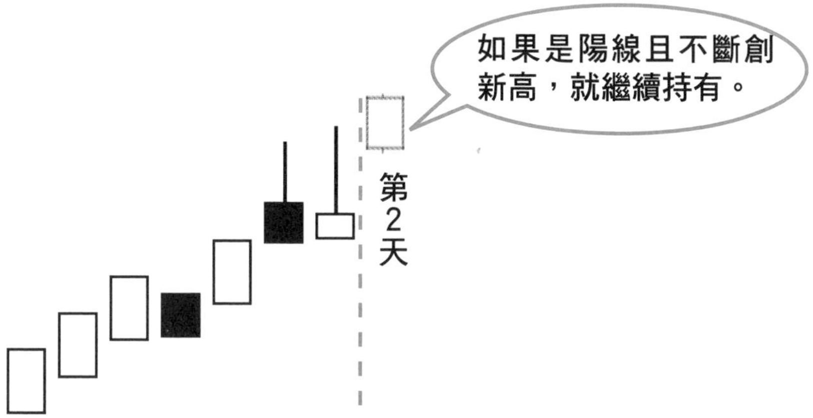
如果是陽線且不斷創新高，就繼續持有。
第2天

範例二之2

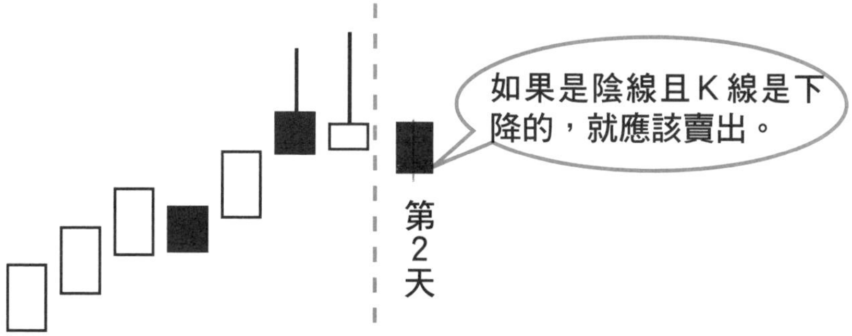
如果是陰線且K線是下降的，就應該賣出。
第2天

投資智典系列

台指期貨、台股短線、當沖者賺錢的寶典

一天內多次交易該如何看線圖呢?
除了分鐘線之外，你還需要設定相關技術線與計算獲利機率。本系列採全圖解説明，想要在超短線交易中立於不敗之地，是不容錯過的精彩好書。

股票獲利智典①　技術面篇　　定價：199元

作者：方天龍

股票獲利智典②　股價圖篇　　定價：199元

作者：新米太郎

股票獲利智典③　1日內交易篇　　定價：199元

作者：新米太郎

【恆兆文化】
圖書資訊網址：http://www.book2000.com.tw
這裡刷卡買書：http://www.pcstore.com.tw/book2000/

電話郵購任選二本，即享85折
買越多本折扣越多，歡迎洽詢

股票獲利智典④　5分鐘K線篇　　定價：199元

作者：新米太郎

股票獲利智典⑤　期貨當沖篇　　定價：199元

作者：新米太郎

股票獲利智典⑥　超短線篇　　定價：249元

作者：新米太郎

郵局劃撥：帳號/19329140　戶名/恆兆文化有限公司

ATM匯款：銀行/合作金庫(代碼006)/三興分行/1405-717-327091

貨到付款：請來電洽詢　TEL 02-27369882　FAX 02-27338407

中華民國
壹仟圓
臺灣銀行
1000

02 章

STOCK

熟練14種型態 股市無往不利

Point 01 股價圖是所有變動因素的最終結論

股價漲漲跌跌，雖叫人摸不頭腦，但即使是超強的股票在上漲中也會有壓力；業績再差再沒人氣的股票只要還沒下市還是會有支撐。

所以，股市在一個大的趨勢下不管是漲勢還是跌勢，總會有暫時停頓「整理」的時候。

整理型態一般都會照著既有的方向行進，也就是說在趨勢中會有一段「xx整理」整理完之後，股價通常繼續循著既有的方向運動。整理型態大致可分:三角形、箱型、旗型、楔型等四大類。整理型態雖然說大都維持既有方向，但整理完後行情反轉(向反方向)運動的也很多，除了型態之外，要留心的就是量的變化。

▷ 為什麼看起來以為要突破轉折為何又下跌？

股價要能順利向上突破轉折點，上漲勁頭要很強勁才行！有時候力道不足就會出現「本以為股價已經向上突破轉折點了，卻反而急劇下跌」，這種情況經常出現。轉折點一般投資人都相當關注，在那個關鍵的當口，投資大眾有一大票人看多、有一大票人看空，要跨越那個關卡不管是突破還是跌破轉折點都需要相當大的能量。例如上漲的趨勢已經走了一大段而股價跌破了轉折點時，意味在這裏「能量消耗殆盡」。與此相比，也有可能在轉折點處「調整一下」，充分修養後突破了轉折點變成「向上突破了轉折點＝又另一番開始上漲」局面。

＊ 股價圖為什麼值得信任的理由

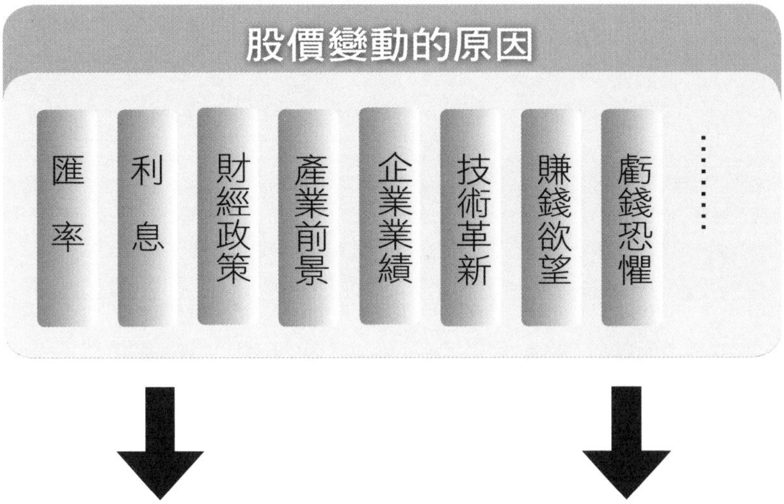

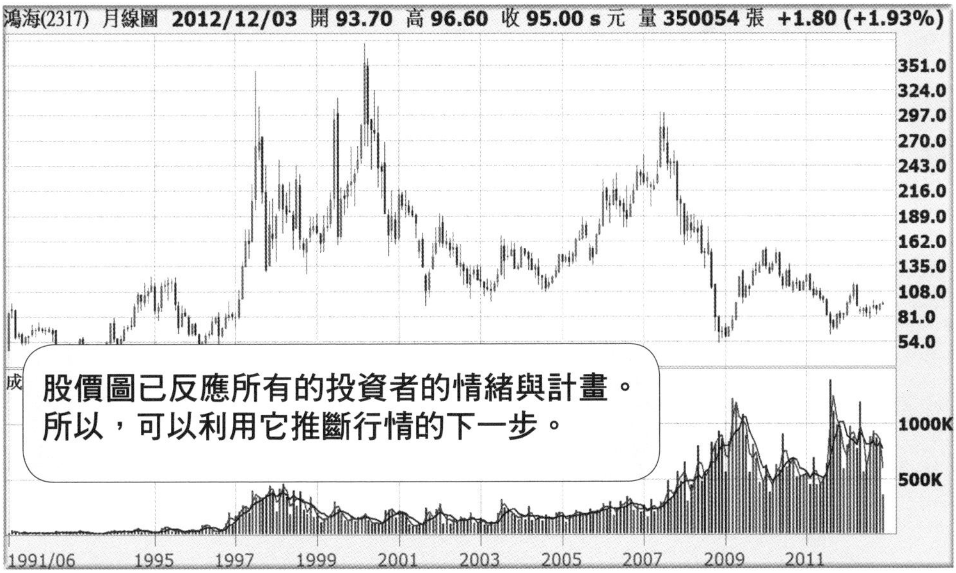

Point 02 型態學——預測歷史重復習慣

型態，是股票走勢所產生的圖型。在媒體上一定不難聽到「左肩」、「右肩」、「三角型」……這些就是本文所要講的型態，了解型態有什麼目的呢？

▷ 型態，是一種歷史統計

簡單來說，股票圖形的用處在於相信歷史有「重覆的習慣」！如果你行之有年習慣起床後做的第一件事就是喝一杯溫開水，那麼在相關環節都一樣的情況下，早上你起床後的動線應該都不會變，就是起床→走出房門→拿起杯子→倒水→喝！但習慣，畢竟只是習慣，它有較高的機率會重覆，但不會絕對不變。比方說，你今天早上起床眼鏡找不到，於是起床後第一件做的事是先找眼鏡。股票走勢的型態也一樣，透過圖形分析，可以預測股市將來的走勢，但型態是統計學，也就是看到這樣子的型態將來會變成那樣的結果機率很高，可是也不是絕對的。

此外，每種圖形的樣子也只能很類近，世上沒有任何的兩張股價圖是百分之百完全一樣的。對投資人來說，圖形雖然重要，但也不能太執著。畢竟，是投資人在預測圖形，而不是我們畫了一個超完美圖形之後，股價就「必然」照著走。

型態最主要的是由K線的走勢變化判斷出支撐、壓力、趨勢，此外，也配合成交量確認走勢。

股價型態可大分為:

一、底部型態；

二、頭部型態；

三、整理型態。

這三種型態下又有不同的分類圖形——

底部型態	頭部型態	整理型態
① 頭肩底	① 雙重頂	① 三角型整理
② 雙重底	② 三重頂	② 箱形整理
③ 三重底	③ 頭肩頂	③ 旗形整理
④ 碟形底	④ 碟形頂	④ 楔形整理
⑤ V形底	⑤ 倒V形頂	

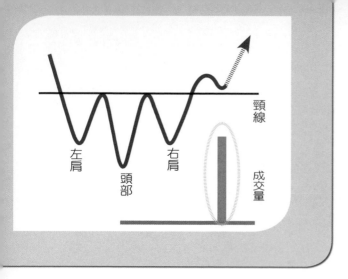

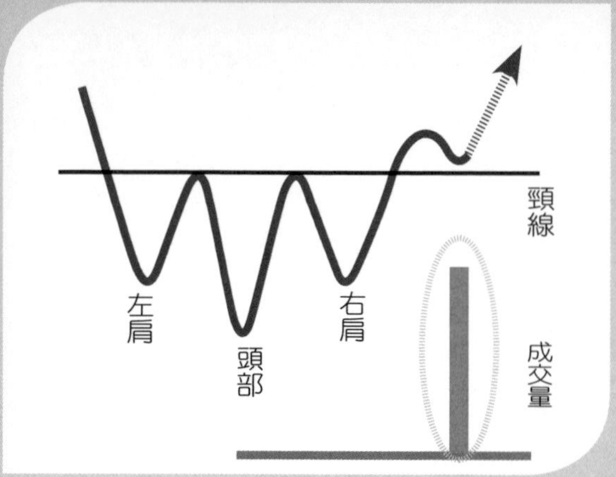

底部型態 01

頭肩底

頭肩底代表跌勢結束。

但頭肩底需配合成交量參考。

1.左肩：在跌勢之後到了某個極點，價格反彈。

2.底部：價格反彈後再次下跌，這次的低點比上一次更低。低到了另一個新的極點再度反彈到左肩的高點附近，且成交量比左肩略為增加。

3.右肩：第三次下跌，但還不到底部的低點股價就反彈。下跌時成交量變少，反彈時成交量變多。

股價突破頸線並帶量突破，此時頭肩底圖形才算正式形成，未來走勢可能回測頸線位置。

頭肩底形成漲幅最少是頸線到頭部的距離。

＊ **頭肩底範例**

①是在一段下跌行情中出現反彈到圖示中的「a」。

②是繼前一波下跌更嚴重的下跌，但反彈到跟前一波差不多的地方：圖示中的「b」。

③從圖示中「 b 」之處，行情再次下跌，但大約在前面①的價位處，有止跌的感覺。

④此時可以連結「 a 」、「 b 」做為頸線，若行情帶量突破這條線，則可視為「頭肩底」型態初步完成。

⑤行情帶量突破頸線，可視為波段多頭開始。有時候頭肩底在突破頸線之後，股價還會拉回測試頸線，若測試頸線不破(一般是指沒有跌出3%以上)，這時頭肩底型態完成，可預期有一段不小漲幅。本例則是沒有回測頸線直接上漲。

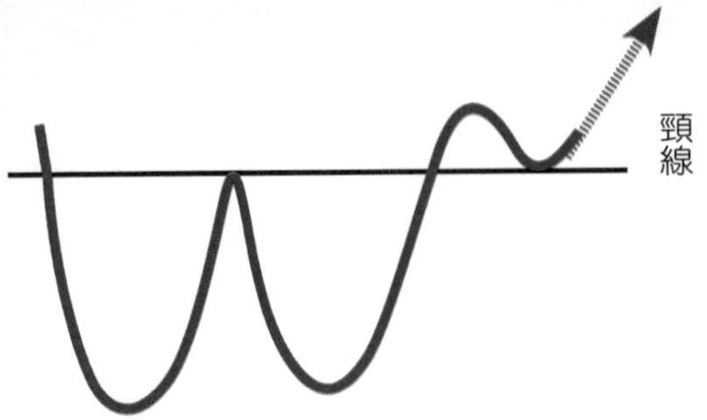

底部型態 02

雙重底

又稱W底。

股價在一波跌勢中打下來，在某一個極點達到反彈，反彈之後再跌一波，到了前一次的低點附近再次反彈，但這一次的反彈比上一次高點更高，而且有量配合，跟整理型態遇到壓力、支撐來回整理不同。

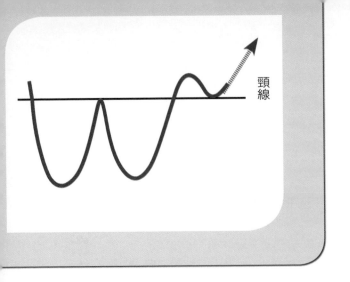

* **雙重底範例**

①是在一段下跌行情中出現反彈到圖示中的「a」。

②行情不樂觀，再次下跌，但這一次下跌在前一波最低點附近似乎得到支撐，沒有繼續下跌，行情止跌向上。

③在前一波反彈的最高點(本例圖示中的「a」)畫一條水平的直線，可視為頸線。

④突破頸線(本例圖示中的「b」)若成交量增加，可視為有效突破。之後行情雖然回測頸線，但沒有跌破頸線。

⑤低量築底，第二底反彈量增價漲，可以確認為雙重底的圖形。

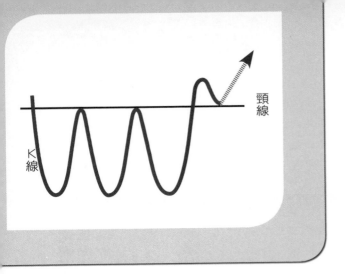

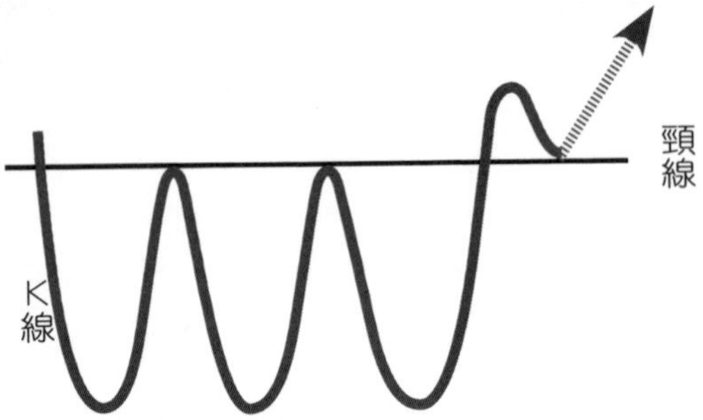

底部型態 03

三重底

可視為W底的衍生。

前面提過，W底是第二次下跌後上漲突破頸線，而三重底則是第二波仍無法突破頸線，再打一次底就變成三重底。

底部打得愈久愈堅實，一旦有主客觀的利多消息刺激，過去所累積的上漲能量也會一掃過去。

所以形成時間較W底長，通常上漲幅度也較大。

＊ 三重底範例

①是在一段下跌行情中出現反彈到圖示中的「a」。

②在跟前一波最低點差不多的地方停止下跌，反跌到前次反彈差不多的位置：圖示中的「b」。

③第三次下跌，與前兩次差不多地方再度止跌向上漲。

④此時可以連結「a」、「b」做為頸線，若行情帶量突破這條線，則可視為「三重底」型態初步完成。當然，也有可能行情稍微接近頸線又繼續下跌，因此，要判斷此時的價格與成交量是否有創短期新高，若有，則可能是築底完成。本例則屬於量、價俱揚的局面。

⑤行情回測頸線，不破頸線，底部完成。

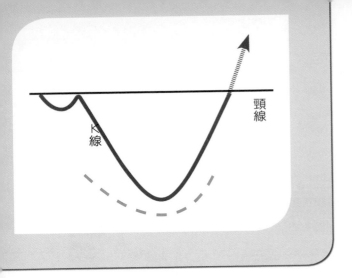

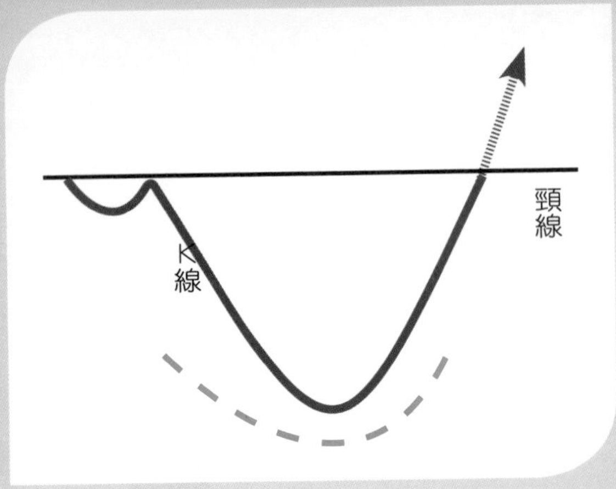

底部型態 04

碟形底

碟形底很明顯的特徵就是成交量隨著股價上漲而增加，也就是在碟形底(又稱圓形底)的形成過程中成交量很少，這個時候幾乎沒人敢買，因為沒有辦法預算那種低迷的行情會在何時走出。

不過一旦發動攻勢就很強。

＊ 碟形底範例

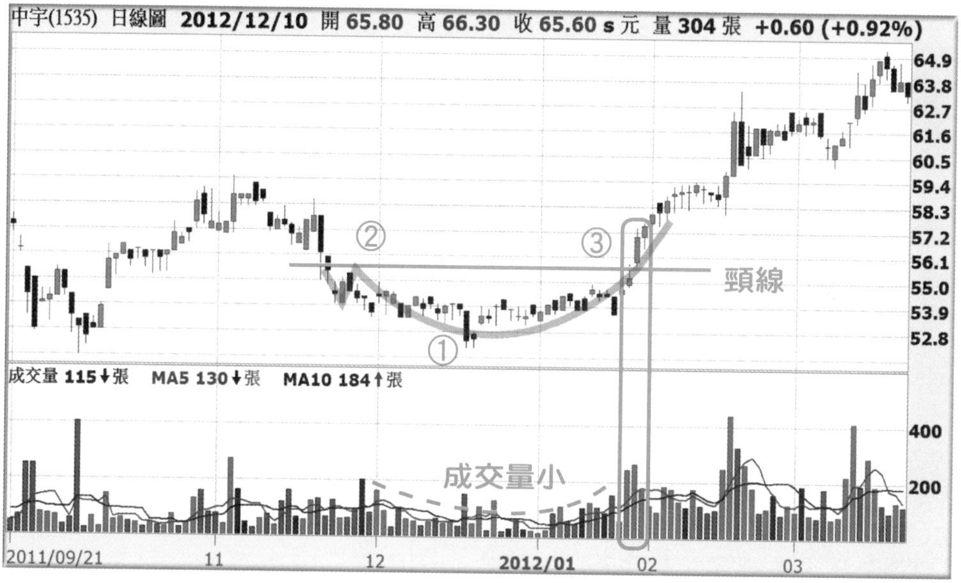

①行情在緩步的下跌中，雖然沒有很大的跌幅讓投資人信心一下子崩潰，但K線實體一般都很小，且成交量縮小，市場感覺就如一灘死水，沒有活力。

②可以在碟形底找出最近的高點，畫一條水平的直線為頸線。

③留意出現量、價俱揚的時機，有可能就是擺脫沉悶的時機點。一般說來，當碟形底的整理愈久，上漲也就愈可觀。而碟形底的形成原因通常是個股缺乏題材，人氣渙散，等到個股出現題材，人氣又回籠，有機會出現波段行情。

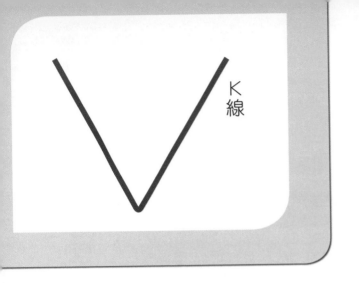

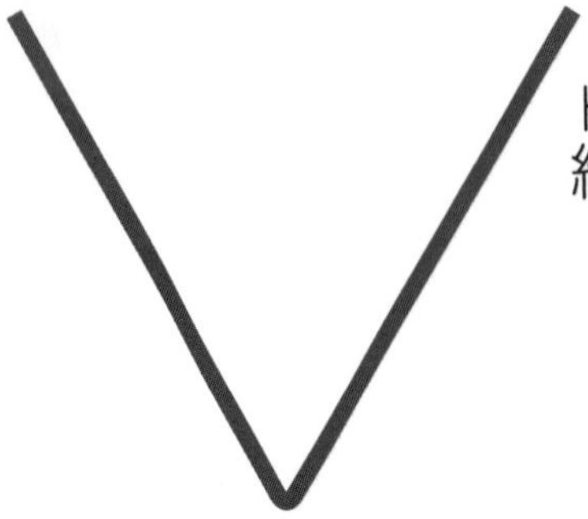

底部型態 05

V形底

是一種不易預測的圖形。

V形的左端通常急速下跌，量也縮小；到了下跌到最底的轉折點通常收十字線或下影線，有時伴隨成交量增加；轉折點反轉後股價急拉，但在還沒形成走勢前很難判斷是否要打V形底。

這是一種急跌、急漲的行情，不容易捉摸，V形底在跨過轉折點後有速拉上漲的特點，雖然漲勢凌厲，但這種行情非常不容易掌握，總得等行情走完之後往回頭一看才知道這裡出現了V形反轉。

* V形底範例

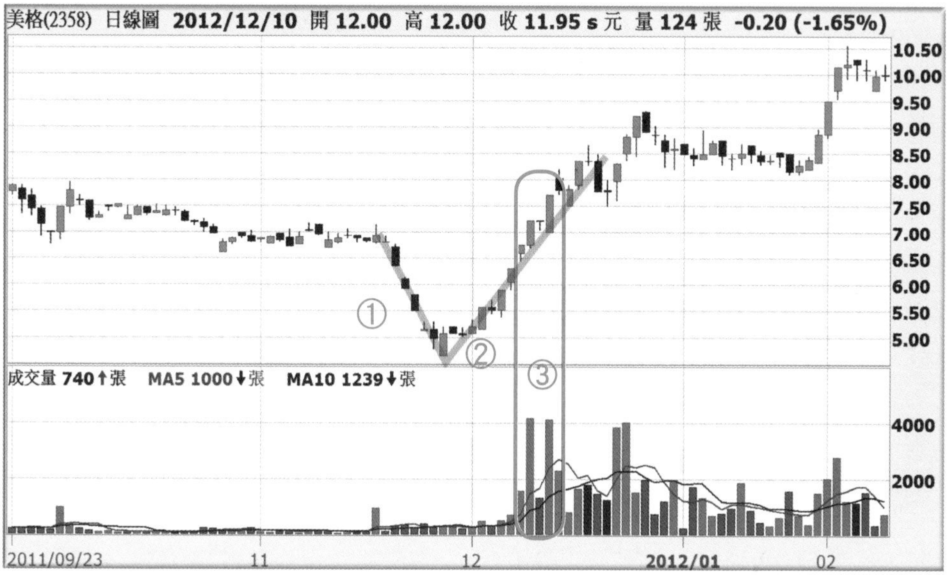

①是一段急跌行情。

②是一段急漲行情。單從線圖來看，不易在這裡就看出它會不會是屬於V形反轉，因為有可能急漲還是會休息一下再繼續上漲。

③若出現成交量也同步大增，可以佐證行情還會有繼續上漲的能力。

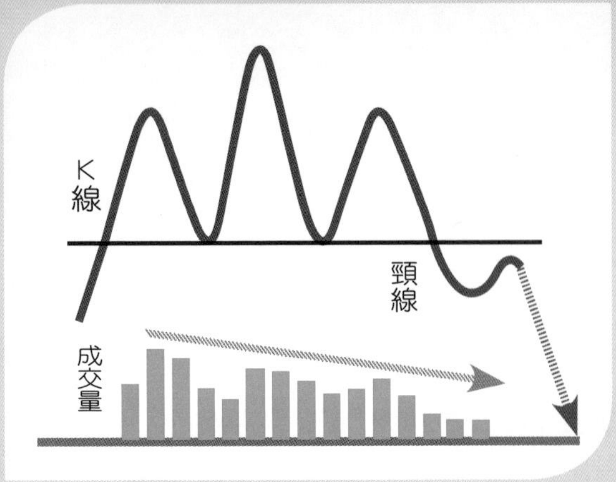

頭部型態 01

頭肩頂

就像攻山頭一樣，在急速上漲伴隨大成交量，但攻了三次都無法超越頭部的價位，接著就是下跌走勢。

1.左肩:在波段上漲到某一高點後價下跌量也跌。

2.頭部:股價再次上漲，並超越之前左肩最高點，但下跌時幾乎把上漲的能量全跌回去。

3.右肩:第三次再反彈起漲，但股價已達不到頭部的位置，且明顯有量縮的情況，有時還會呈現背離。跌破頸線後常會再反彈試探一下頸線，若走勢已確立，這一波就是逃命波，未來的跌幅滿足點是頭部到頸線的距離。

頭肩頂有三個頂點，頭部是最高點通常右肩是最低點。連結左肩與頭部最低點為頸線。成交量有向右傾斜的現象。你可想像大夥一起攻山頭，卻一次比一次失敗，等到不行了大家放棄時有兵敗山倒的味道。股價在右肩跌破頸線後反彈，若仍無法站上頸線，就是頭肩頂形態確認完成。跌破頸線到回測頸線的反彈波就是投資人的逃命波。是這種型態的最後一波高點。

＊ 頭肩頂範例

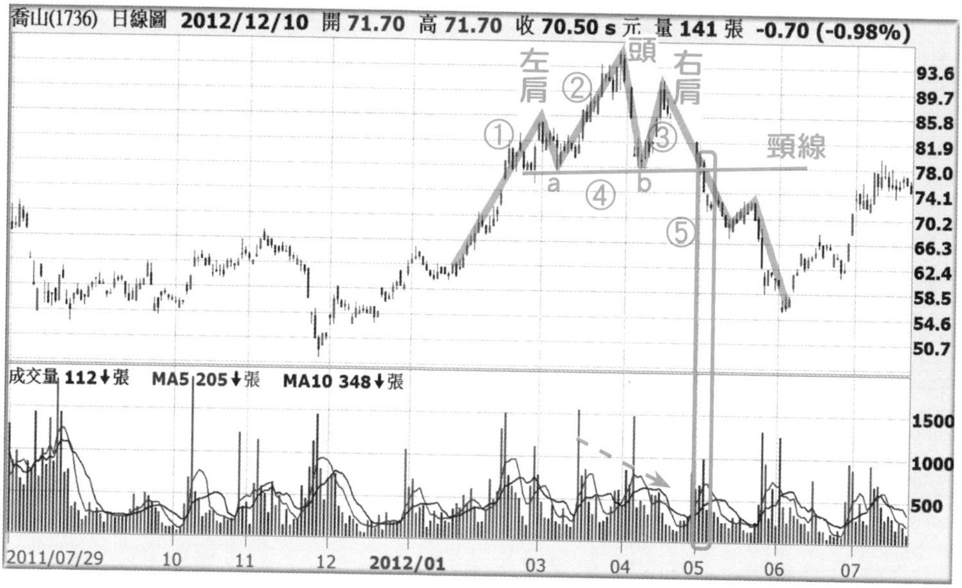

①是在一段上漲行情中出現暫時的回檔到圖示中的「a」。

②是繼前一波上漲更猛烈的上漲，但行情似乎有到頂的樣子，回跌到前波低點附近：圖示中「b」的地方。

③在「b」處似乎得到支撐，行情企圖再次上漲，但這一波上漲低於前一波的高度，不久就開始向下跌。

④此時可以連結「a」、「b」做為頸線，若行情跌破這條線，則可視為「頭肩頂」型態初步完成。

⑤行情帶量跌破頸線(跌破頸線也可不帶量)，可視為波段空頭開始。有時候頭肩頂在跌破頸線之後，股價還會拉回測試頸線，若測試頸線不破(一般是指沒有漲出3%以上)，這時頭肩底頂態完成，可預期有一段不小跌幅。

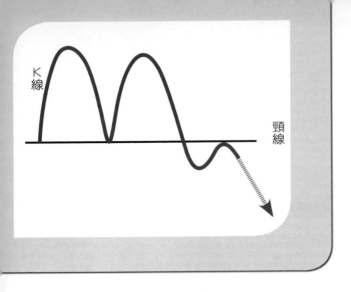

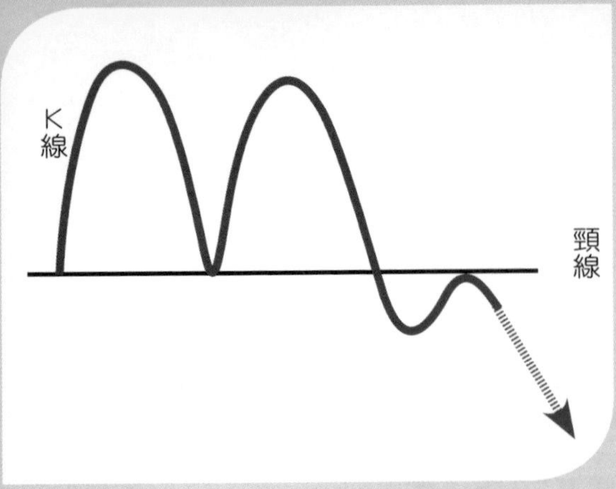

頭部型態 02

雙重頂

又稱M頭，也就是股價上漲到某一個高點回檔，稍作休息之後再次攻頂，但到前一波高點附近又拉回，於是形成雙頭。

通常，第二波上漲的成交量會變小。

這是整理後反轉的訊號。

雙重頂大都發生在大波段漲勢之後，代表趨勢即將急轉直下。兩個頭有可能幾乎一樣高或右邊的比較低。總之就是股價打到那裡上升無力，跌破頸線後反彈測試，無法站上頸線M頭確立，快逃吧！！

＊ 雙重頂範例

①是在一段上漲行情中出現回檔到圖示中的「a」。

②在「a」處止跌後，行情繼續原有的上漲走勢，但到了跟前波高差不多的地方，還是沒有辦法創新高，行情第二次下跌。

③從圖示中「a」畫一條水平線為頸線，若行情下跌超過這條線，雙重頂的形態完成。雙重頂價格跌破頸線不一定要有大量配合(跟雙重底要有成交量配合不一樣)。

④有時雙重頂也會回測頸線，若無法有效的突破頸線的價位(一般是指超過3%以上為有效突破)，行情仍會繼續下跌。

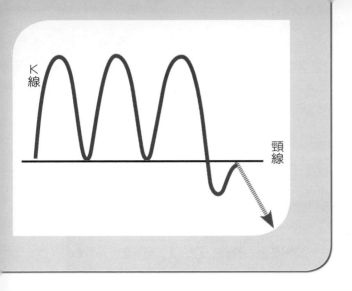

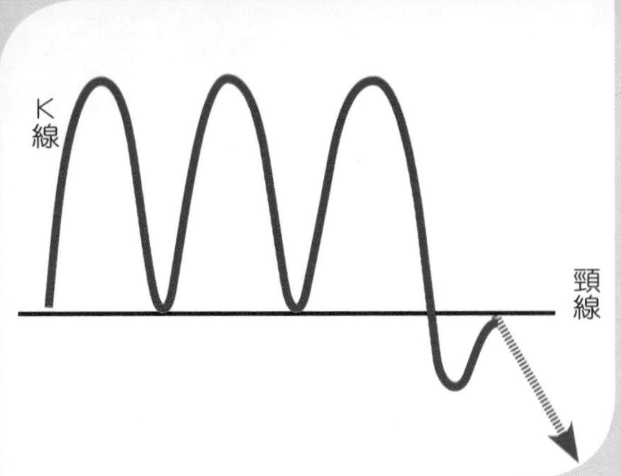

頭部型態 03

三重頂

頭部形成三個高峰又稱三尊頂。因為頭部形成時間較長，整理時間也較長，在頭部套牢的人也多。如果沒有跌破頸線，就會變成只是在一個箱型內做整理，就不是三重頂了。如果是要形成三重頂，第三峰的成交量會比第二峰成交量明顯少。

頂點量縮，跌破頸線。

三重頂跟箱型整理的初期樣子很像，都在上下一個區間做整理，把每一波的低點連結成為頸線，若第三波頂點成交量小於第二波且跌破頸線，回測又沒站回頸線，就是三重頂的走勢。

＊ 三重頂範例

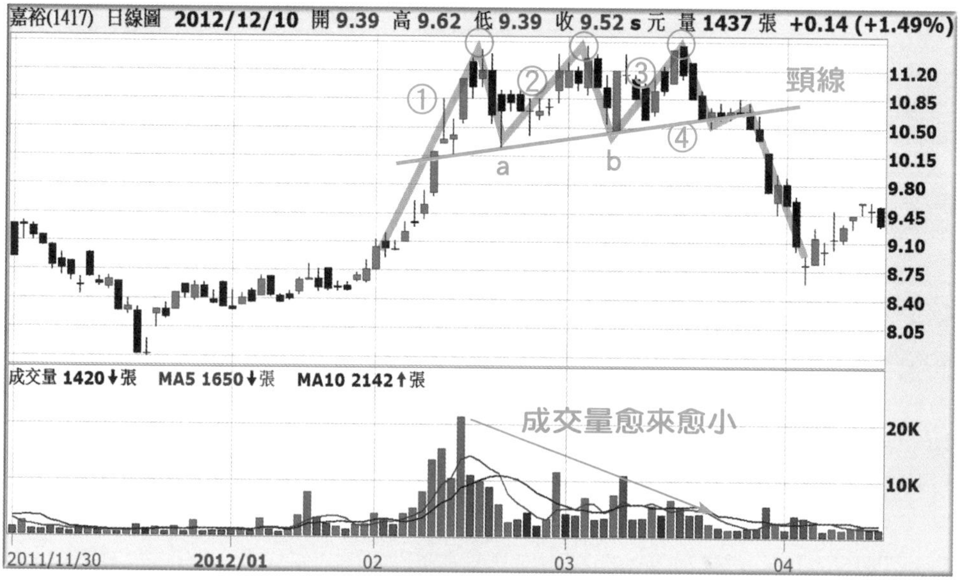

①是在一段上漲行情中出現回檔到圖示中的「a」。

②在跟前一波最高點差不多的地方停止上漲，並回檔到跟前次回檔差不多的位置：圖示中的「b」。

③第三次行情企圖再上漲，但上漲到與前兩次差不多地方再度下跌。

④此時可以連結「a」、「b」做為頸線，若行情跌破這條線，則可視為「三重頂」型態初步完成。本例行情略為回測頸線不破後下跌。

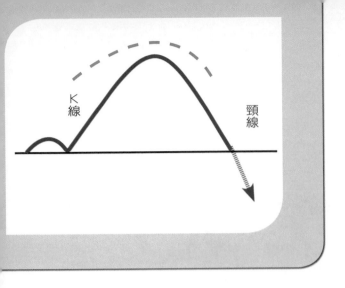

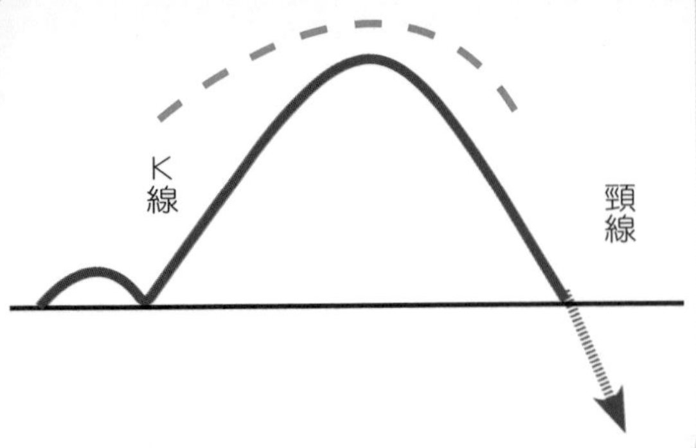

頭部型態 04

碟形頂

形成的原因是股價一開始多頭強，每天前進一點，後來空頭強，股價每天回檔一點，這樣逐漸逐漸的就形成像一個倒蓋的碗公。研判的重點也在成交量，圓形頂的成形量有漸漸變少的趨勢，顯示在高檔區人氣慢慢退掉，退到一個程度就變成下跌走勢。

行情沒有明顯的相對高點或低點，像個倒蓋碗公一樣K線慢慢的排成狐度。

也可視為頭肩頂的複雜型，跌破頸線股價將持續探底。

＊ 碟形頂範例

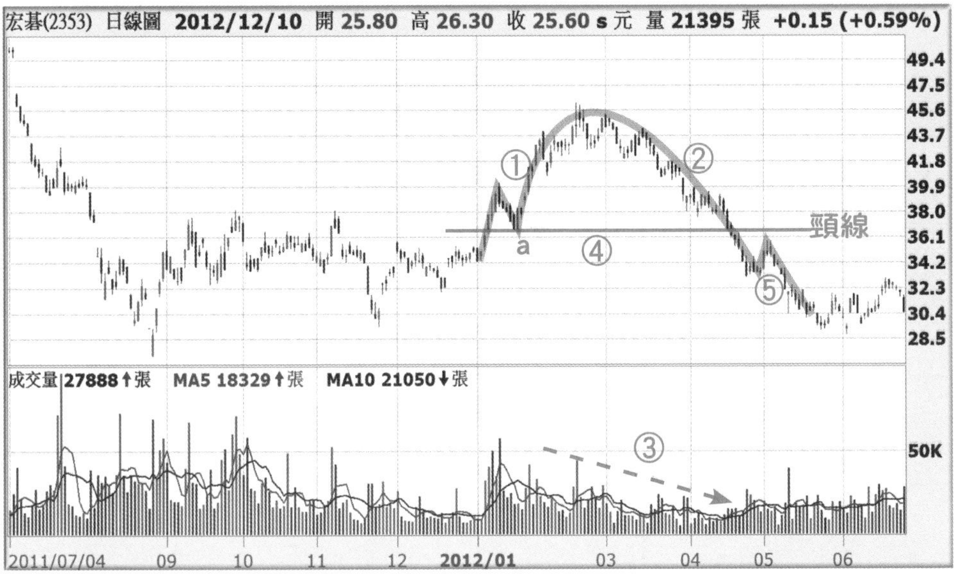

①是在一段和緩上漲的行情。

②當價格上漲到一個程度之後，價格以不太有威脅的速度緩慢下跌。

③碟形頂的特徵是成交量逐步下降。

④可以捉前一波上漲前的最低價當成頸線的位置，本例圖示為「a」處。當價格跌破頸線，可視為碟形頂完成。

⑤有時碟形頂也會回測頸線，若無法有效的突破頸線的價位(一般是指超過3%以上為有效突破)，行情仍可能繼續下跌。

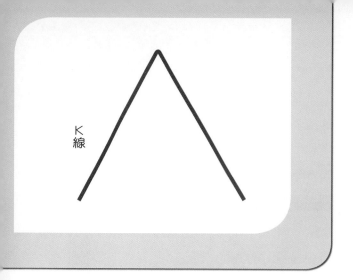

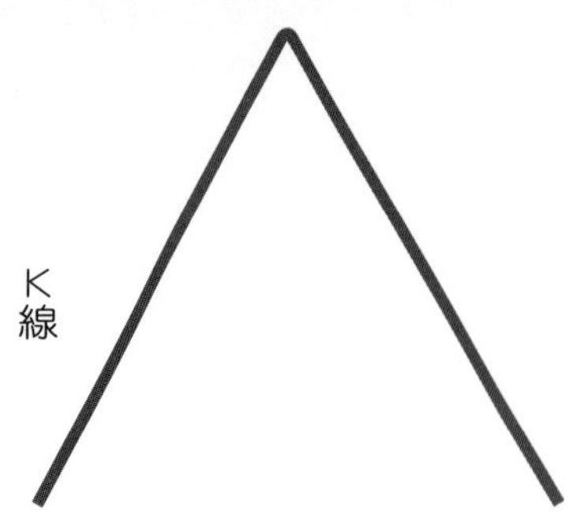

頭部型態 05

倒V形頂

倒V的左邊通常量大，以量滾量急急的推高股價。但下跌時成交量會萎縮。

遇到股價暴巨量但卻收長黑或量大又不漲，就快跑吧！

市場過度預期，急漲急跌。

市場過度預期常常造成急漲，倒V形頂就是股價急拉的情況，一旦市場恢復理性後，可能就伴隨急落，並快速的把過去超漲的全都跌回去，股價如何上來就如何下去，是倒V形頂的特質。

＊ 倒V形頂範例

①是一段急漲行情。

②成交量也同步上漲。單從線圖來看，不易在這裡就看出它會不會是屬於倒V形反轉，但若成交量也過度的暴增到平常的數倍，說明行情過熱，一定要非常小心。

③急漲通常迎來急跌。但倒V字形的型態不易捉摸，通常都必需等到行情走完之後才知道出現了倒V字形的型態。

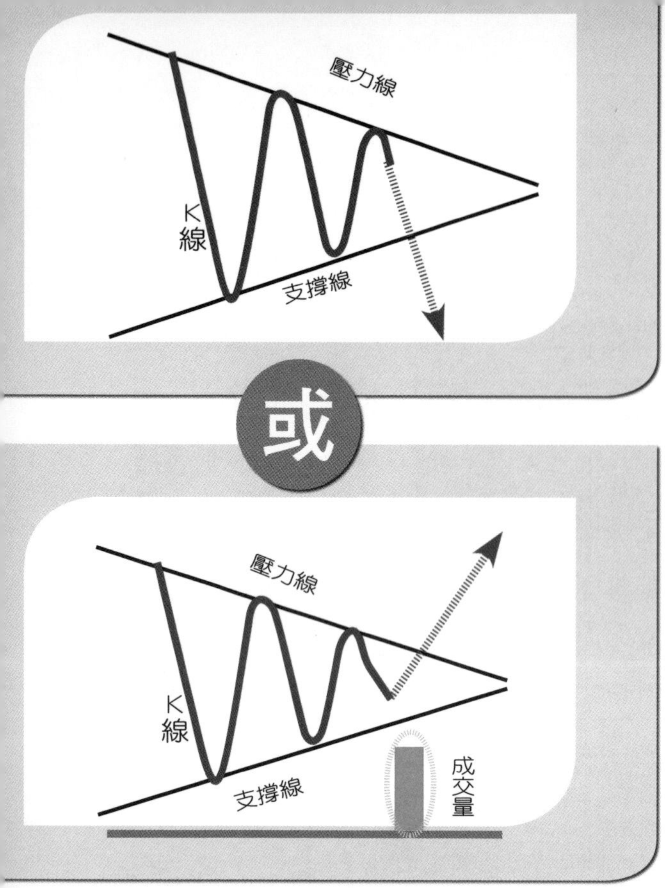

整理型態 01

正三角形

1.一條向下的壓力線與一條向上的支撐線。

2.形成過程中，成交量通常遞減。

3.起點到端點的距離2/3到3/4處突破。有50%機會成為多頭走勢；有50%機會成為空頭走勢。

4.突破點到波段的漲幅(或跌幅)的垂直距離滿足點，可採等腰三角形最高點與最低點的垂直距離。

＊ 正三角形整理範例

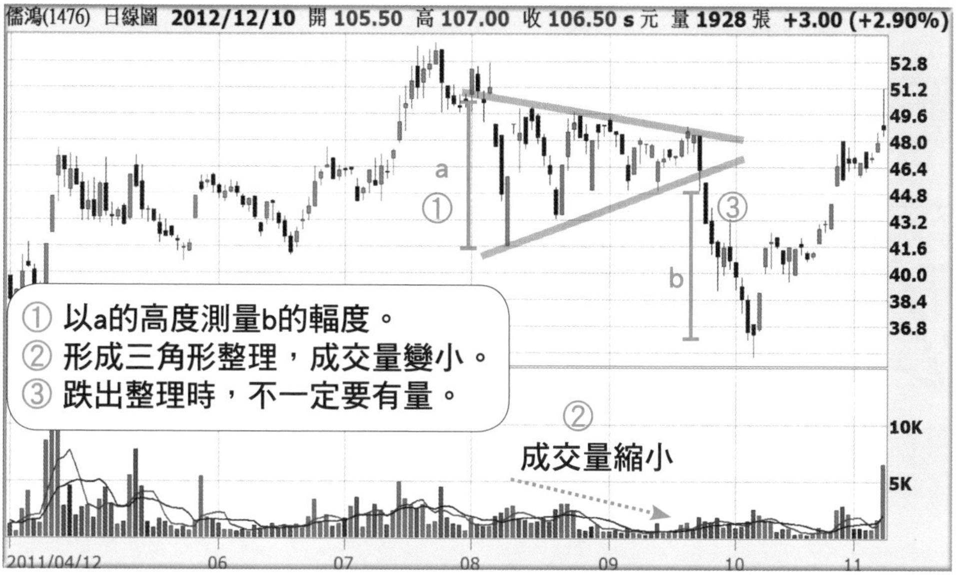

儒鴻(1476) 日線圖 2012/12/10 開 105.50 高 107.00 收 106.50 s元 量 1928 張 +3.00 (+2.90%)
① 以a的高度測量b的幅度。
② 形成三角形整理，成交量變小。
③ 跌出整理時，不一定要有量。
成交量縮小
a
b
①
②
③
52.8
51.2
49.6
48.0
46.4
44.8
43.2
41.6
40.0
38.4
36.8
10K
5K
2011/04/12
06
07
08
09
10
11

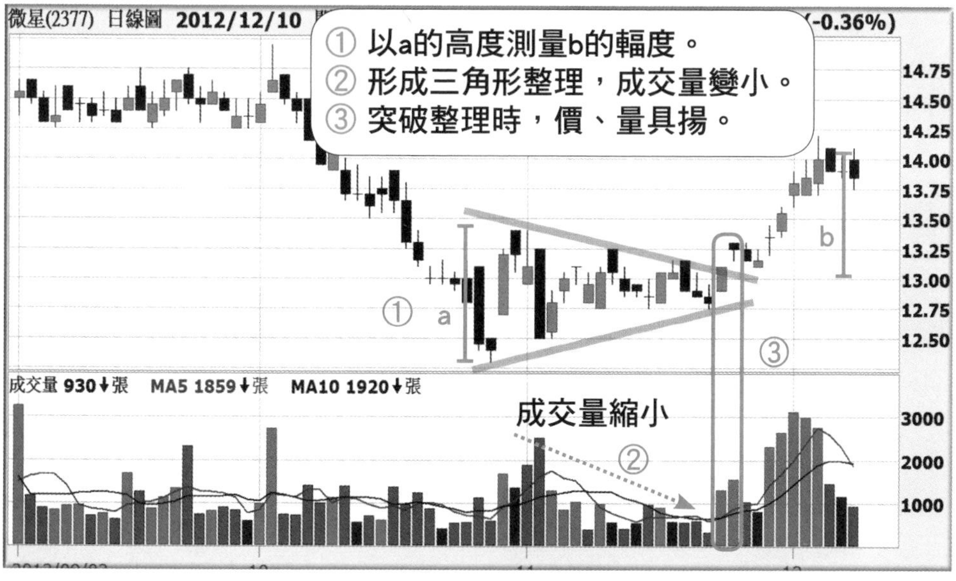

微星(2377) 日線圖 2012/12/10
-0.36%)
① 以a的高度測量b的幅度。
② 形成三角形整理，成交量變小。
③ 突破整理時，價、量具揚。
成交量 930↓張 MA5 1859↓張 MA10 1920↓張
成交量縮小
a
b
①
②
③
14.75
14.50
14.25
14.00
13.75
13.50
13.25
13.00
12.75
12.50
3000
2000
1000

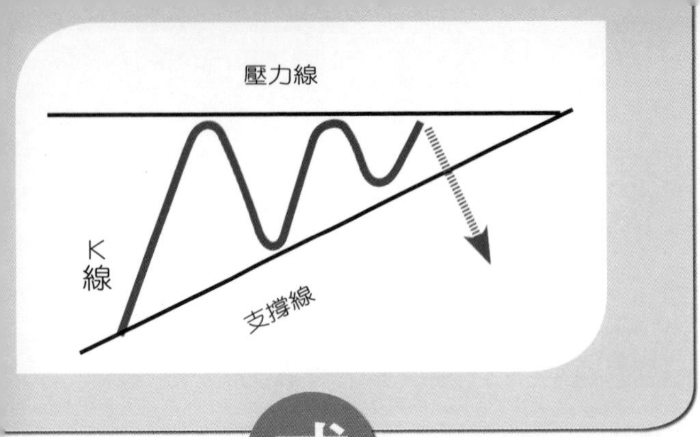

或

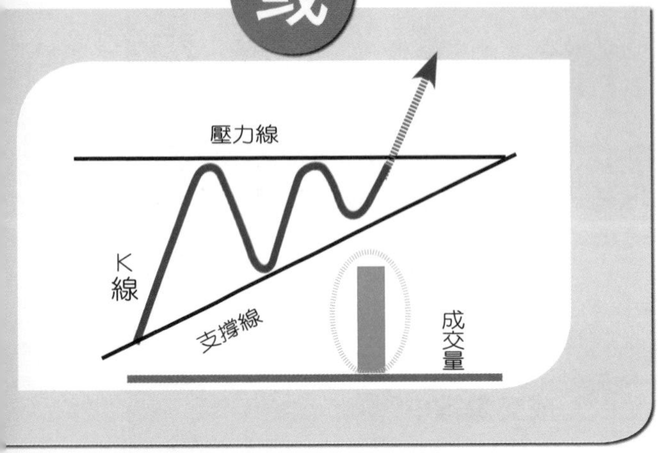

整理型態 02

上升三角形

1.一條平行的壓力線與一條向上的支撐線。

2.起點到端點的距離2/3到3/4處突破。有50%機會成為多頭走勢；有50%機會成為空頭走勢。

4.突破點到波段的漲幅(或跌幅)的垂直距離的滿足點，是上升三角形最高點與最低點的垂直距離。

＊ 上升三角形整理範例

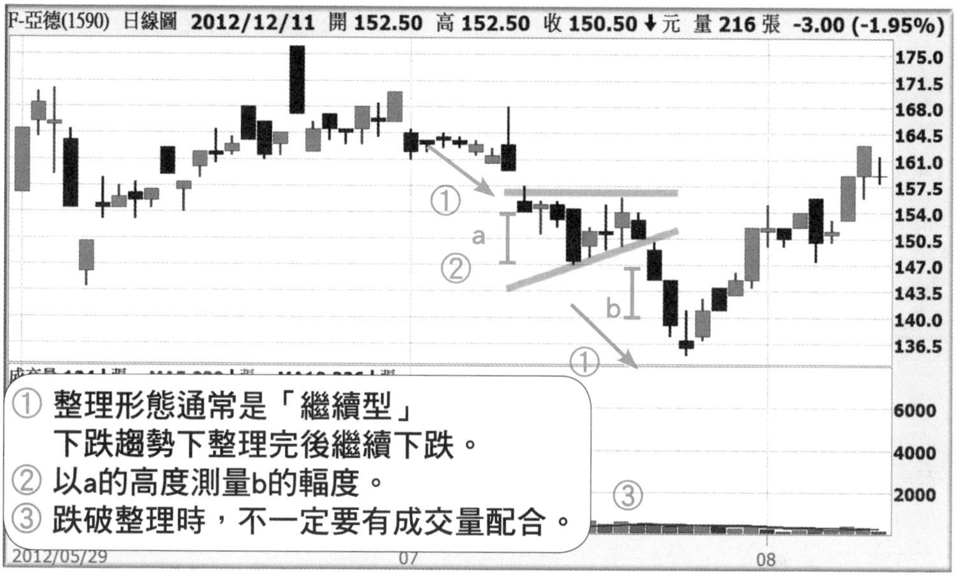
F-亞德(1590) 日線圖 2012/12/11 開 152.50 高 152.50 收 150.50 ↓元 量 216 張 -3.00 (-1.95%)
175.0
171.5
168.0
164.5
161.0
157.5
154.0
150.5
147.0
143.5
140.0
136.5
a
b
①
②
①
6000
4000
2000
③
① 整理形態通常是「繼續型」
下跌趨勢下整理完後繼續下跌。
② 以a的高度測量b的幅度。
③ 跌破整理時，不一定要有成交量配合。
2012/05/29
07
08

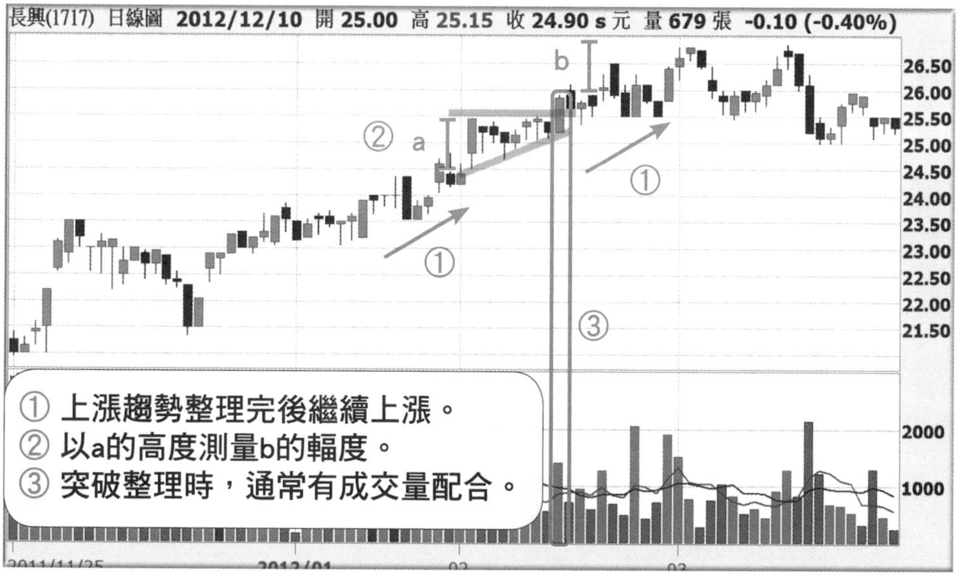
長興(1717) 日線圖 2012/12/10 開 25.00 高 25.15 收 24.90 s 元 量 679 張 -0.10 (-0.40%)
26.50
26.00
25.50
25.00
24.50
24.00
23.50
23.00
22.50
22.00
21.50
b
② a
①
①
③
① 上漲趨勢整理完後繼續上漲。
② 以a的高度測量b的幅度。
③ 突破整理時，通常有成交量配合。
2000
1000

整理型態 03

下降三角形

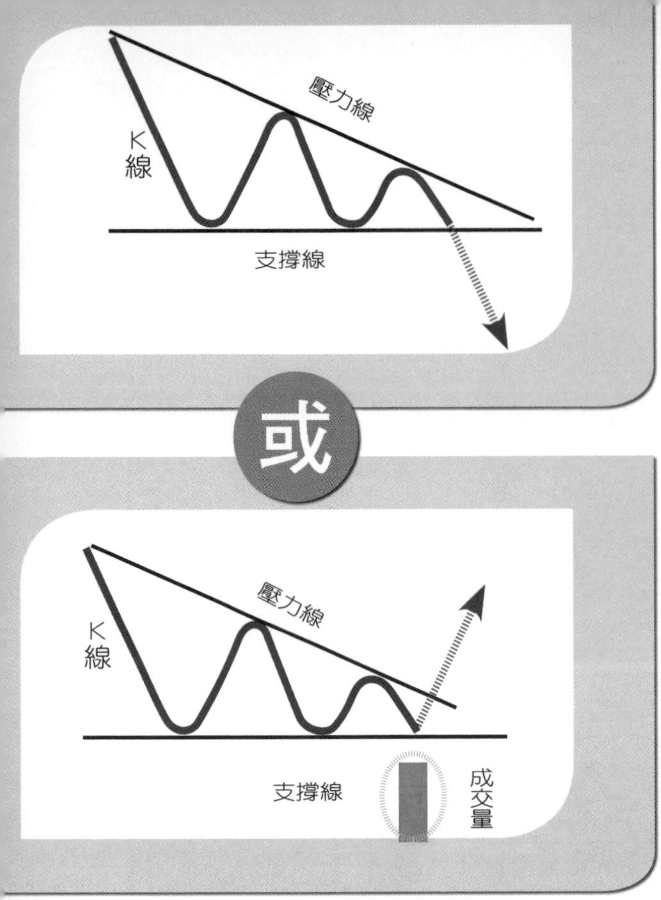

1.一條向下的壓力線與一條平行的支撐線。

2.起點到端點的距離2/3到3/4處突破。有50%機會成為多頭走勢；有50%機會成為空頭走勢。

4.突破點到波段的漲幅(或跌幅)的垂直距離的滿足點，可採上升三角形最高點與最低點的垂直距離。

＊ 下降三角形整理範例

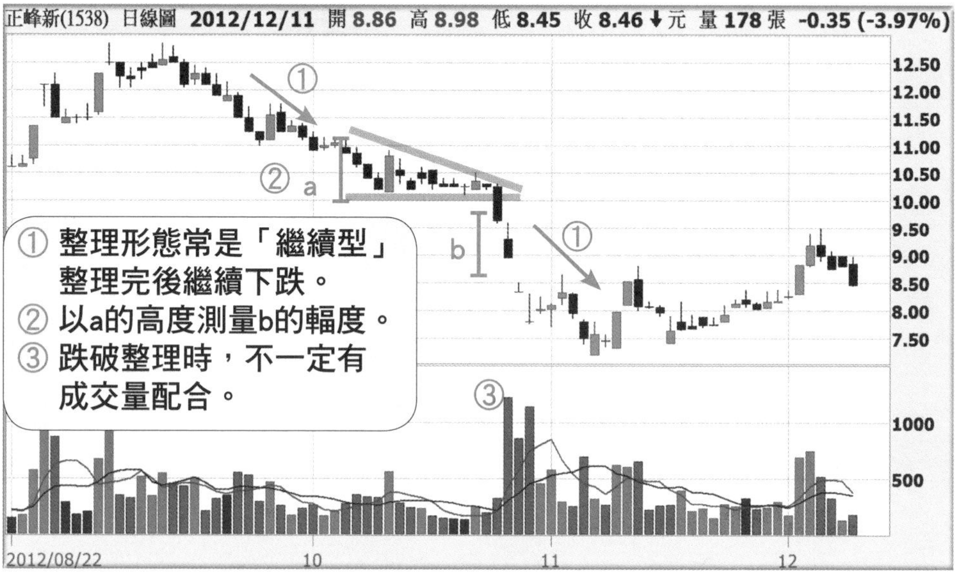
正峰新(1538) 日線圖 2012/12/11 開 8.86 高 8.98 低 8.45 收 8.46 ↓元 量 178 張 -0.35 (-3.97%)
① 整理形態常是「繼續型」整理完後繼續下跌。
② 以a的高度測量b的幅度。
③ 跌破整理時，不一定有成交量配合。
①
②
a
b
③
12.50
12.00
11.50
11.00
10.50
10.00
9.50
9.00
8.50
8.00
7.50
1000
500
2012/08/22
10
11
12

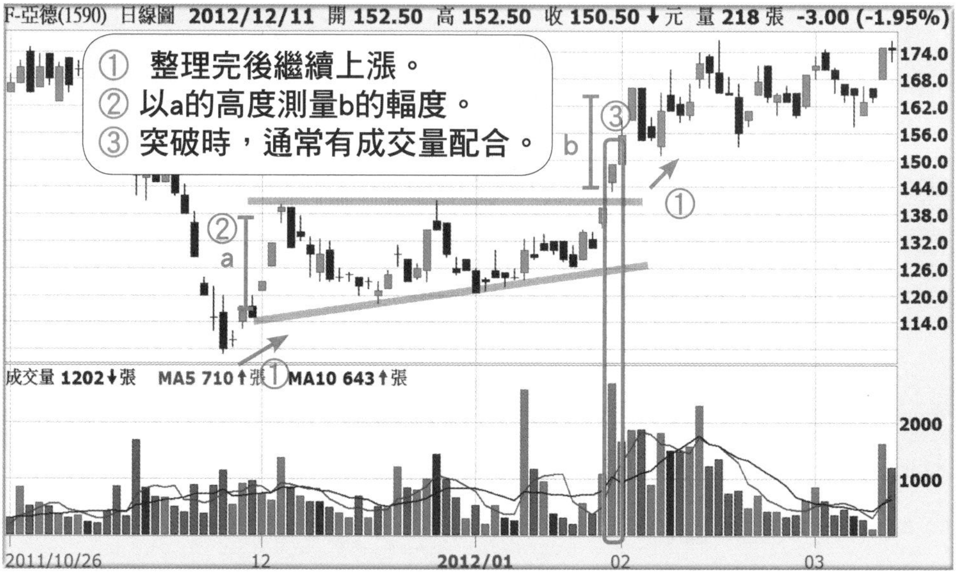
F-亞德(1590) 日線圖 2012/12/11 開 152.50 高 152.50 收 150.50 ↓元 量 218 張 -3.00 (-1.95%)
① 整理完後繼續上漲。
② 以a的高度測量b的幅度。
③ 突破時，通常有成交量配合。
①
②
a
b
③
174.0
168.0
162.0
156.0
150.0
144.0
138.0
132.0
126.0
120.0
114.0
成交量 1202↓張 MA5 710↑張 MA10 643↑張
2000
1000
2011/10/26
12
2012/01
02
03

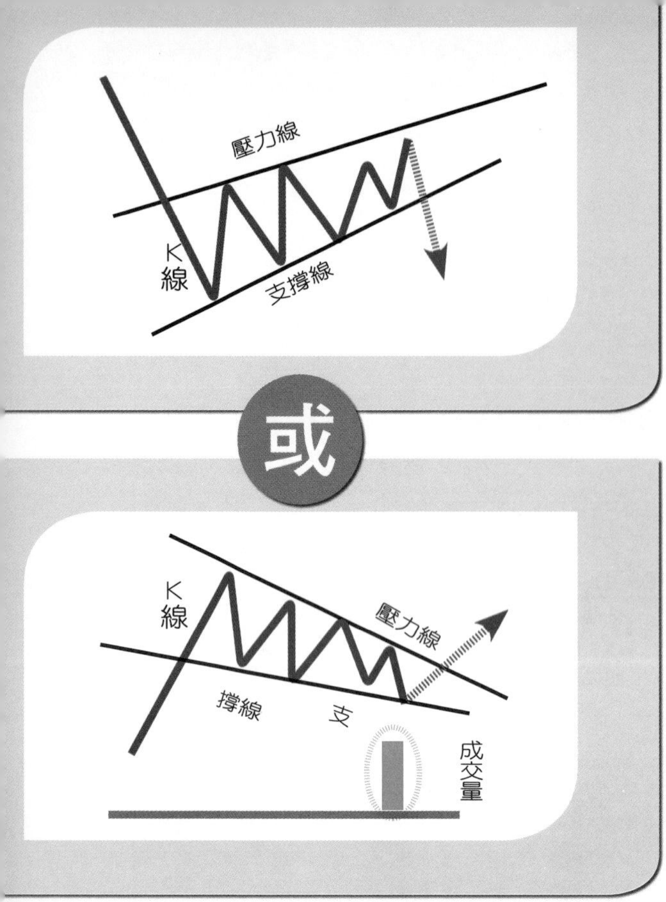

整理型態 04

楔形

1.楔形一個縮口愈來愈小的整理格局。在下降趨勢下，壓力線向右上傾斜，支撐線也向右上傾斜，但兩條線將交會出現端點；在上升趨勢下，壓力線向右下傾斜，支撐線也向右下傾斜，同樣的兩條線也將交會出現端點。另外，在形成過程成交量有遞減情形。

2.起點到端點的距離2/3到3/4處突破。有50%機會成為多頭走勢；有50%機會成為空頭走勢。

3.突破點到波段漲幅(或跌幅)的垂直距離，可採楔形最高點與最低點的垂直距離。楔形算是多種整理圖形的混合體，一般來說，空頭市場的楔形整理圖形大都是上升狀，而在多頭市場的楔形整理圖形大都是下降狀的（見附圖）。

＊ 楔形整理範例

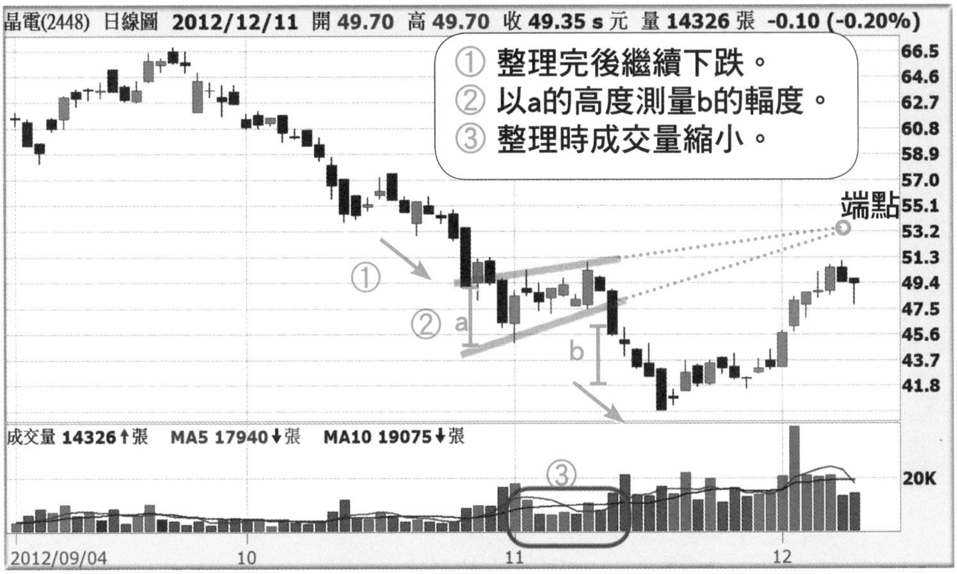
晶電(2448) 日線圖 2012/12/11 開 49.70 高 49.70 收 49.35 s 元 量 14326 張 -0.10 (-0.20%)
① 整理完後繼續下跌。
② 以a的高度測量b的幅度。
③ 整理時成交量縮小。
端點
a
b
66.5
64.6
62.7
60.8
58.9
57.0
55.1
53.2
51.3
49.4
47.5
45.6
43.7
41.8
成交量 14326↑張 MA5 17940↓張 MA10 19075↓張
20K
2012/09/04
10
11
12

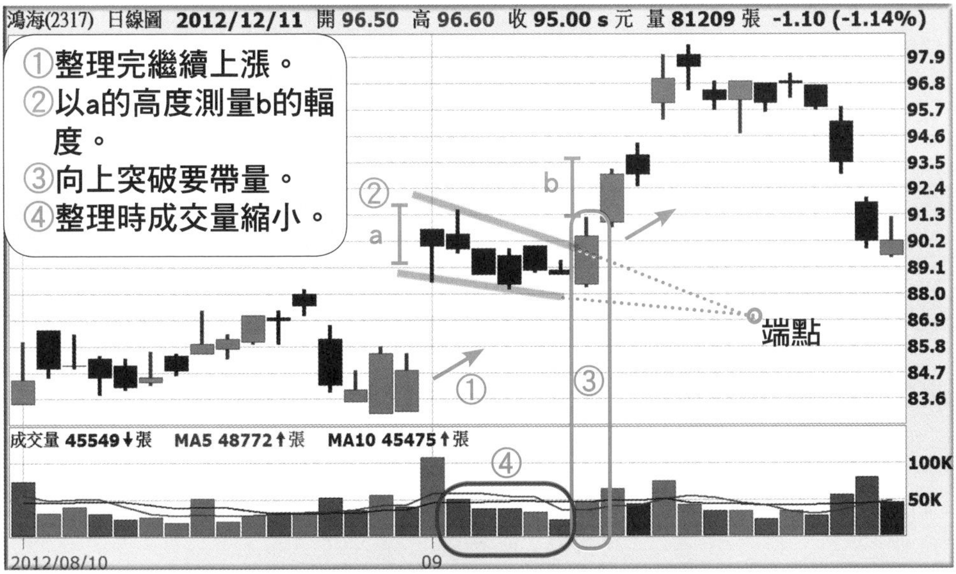
鴻海(2317) 日線圖 2012/12/11 開 96.50 高 96.60 收 95.00 s 元 量 81209 張 -1.10 (-1.14%)
①整理完繼續上漲。
②以a的高度測量b的幅度。
③向上突破要帶量。
④整理時成交量縮小。
a
b
端點
97.9
96.8
95.7
94.6
93.5
92.4
91.3
90.2
89.1
88.0
86.9
85.8
84.7
83.6
成交量 45549↓張 MA5 48772↑張 MA10 45475↑張
100K
50K
2012/08/10
09

整理型態 05
旗形

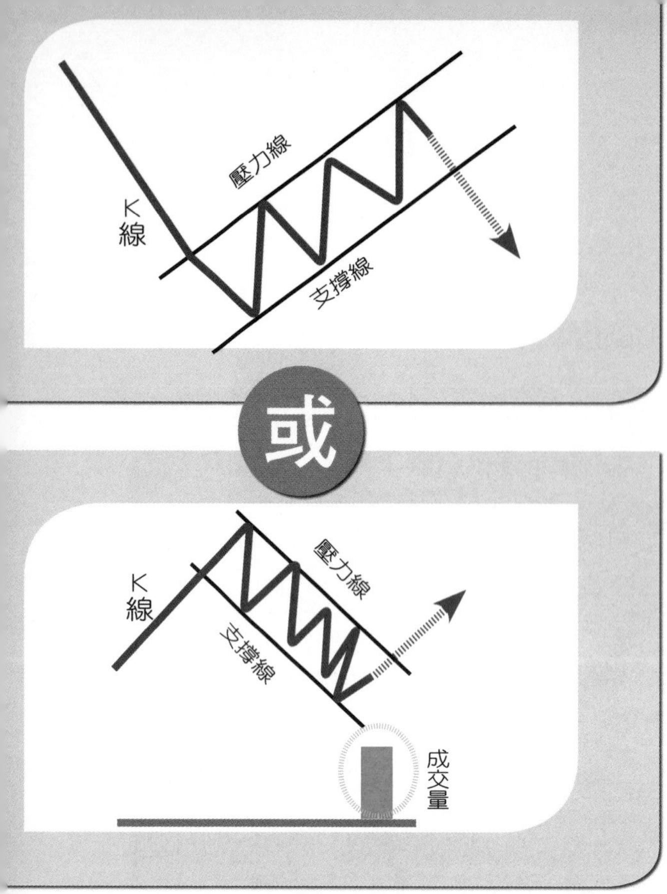

1.在一個大的走勢中，中途短暫的拉回整理。連接高點壓力線；連接低點的支撐線，樣子很像一面旗子。旗形整理的期間通常不長。

2.一般旗型整理，在整理完後會維持原有的走勢，但也有朝反向運動的。帶量突破壓力線後會形成下一波多頭走勢，漲幅(跌幅)滿足點，為旗形最高點與最低點的垂直距離。在股價上升的過程中，常見下降旗的整理行情：在股價完成一段漲幅後，多頭紛紛獲利了結，空頭也會趁勢打壓形成了旗形走勢，一旦多頭獲利了結的賣壓停止後，就很有可能再度展開另一波上漲行情。旗形按照經驗又分K線排列比較寬鬆的寬鬆旗與排列比較緊密的緊密旗。比較之下，緊密旗大都會朝著既定的趨勢整理完後繼續走下去，而寬鬆旗則比較不一定。

* 旗形整理範例

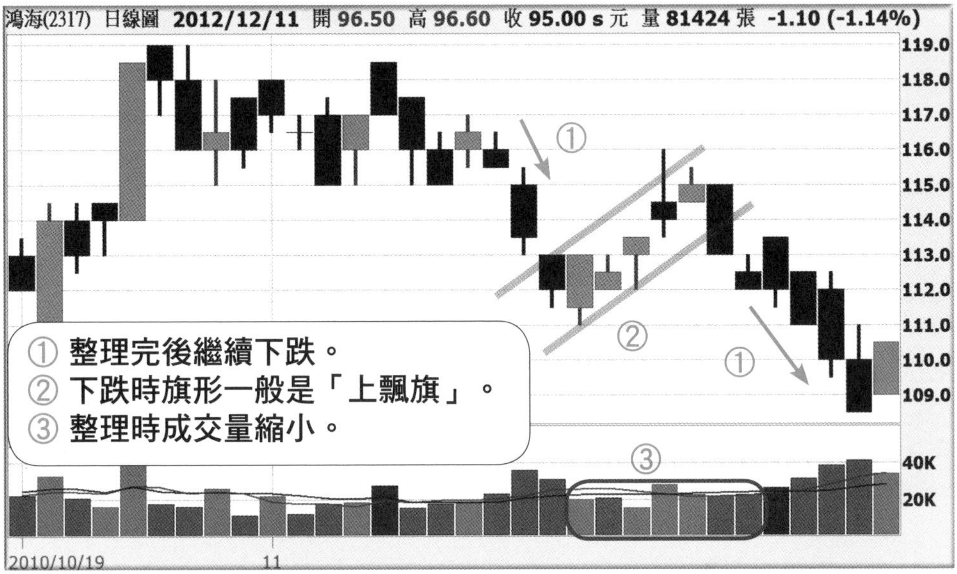
鴻海(2317) 日線圖 2012/12/11 開 96.50 高 96.60 收 95.00 s元 量 81424 張 -1.10 (-1.14%)
119.0
118.0
117.0
116.0
115.0
114.0
113.0
112.0
111.0
110.0
109.0
40K
20K
2010/10/19
11
①
②
③
① 整理完後繼續下跌。
② 下跌時旗形一般是「上飄旗」。
③ 整理時成交量縮小。

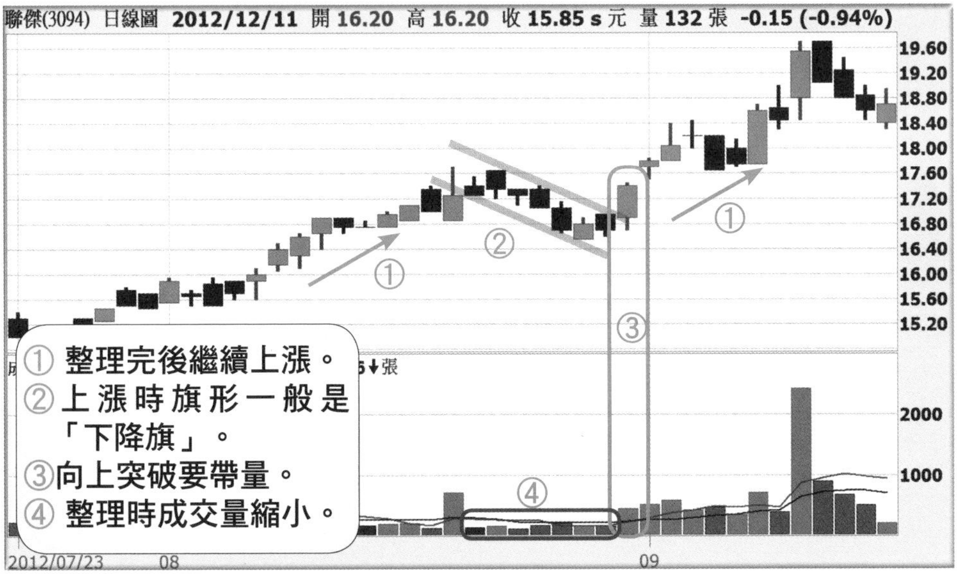
聯傑(3094) 日線圖 2012/12/11 開 16.20 高 16.20 收 15.85 s元 量 132 張 -0.15 (-0.94%)
19.60
19.20
18.80
18.40
18.00
17.60
17.20
16.80
16.40
16.00
15.60
15.20
2000
1000
2012/07/23
08
09
①
②
③
④
① 整理完後繼續上漲。
② 上漲時旗形一般是「下降旗」。
③向上突破要帶量。
④ 整理時成交量縮小。

整理型態 06

箱形

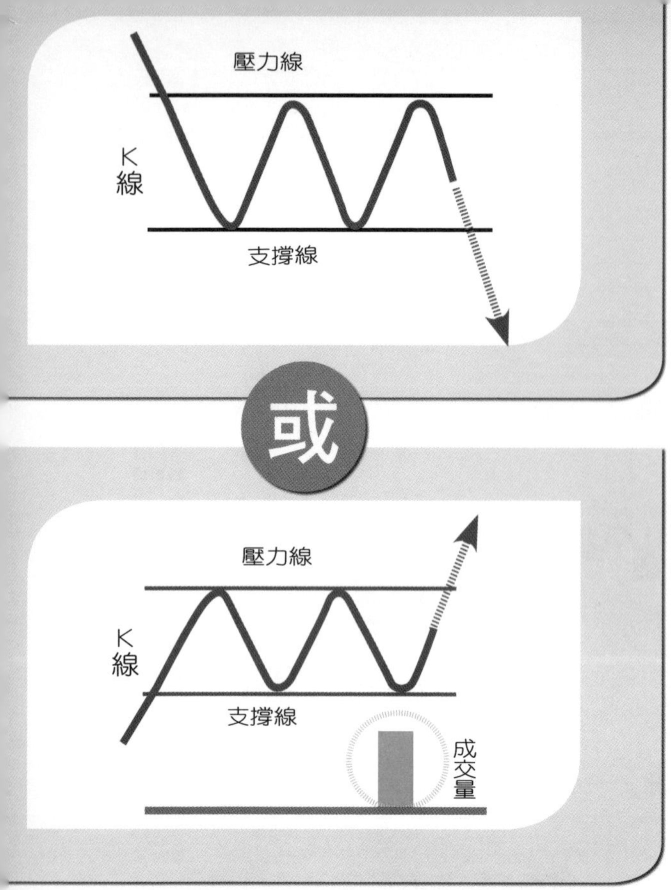

1.走勢中，連接高點與低點各有一條水平的壓力線與支撐線，若成交量劇減，跌破支撐線機會高。

2.箱形最高點與最低點的垂直距離也可測量整理後的漲跌幅距離。箱型整理只要把握住高賣低買的原則就可以做短期交易。

有句話叫「久盤必跌」用在箱形整理頗為貼切，尤其台股的股價走勢中，箱形整理盤整行情盤得愈久，下跌的機率就愈高。當然，也有突破的情況，有大成交量的配合就有向上穿透壓力的機會。

* 箱形整理範例

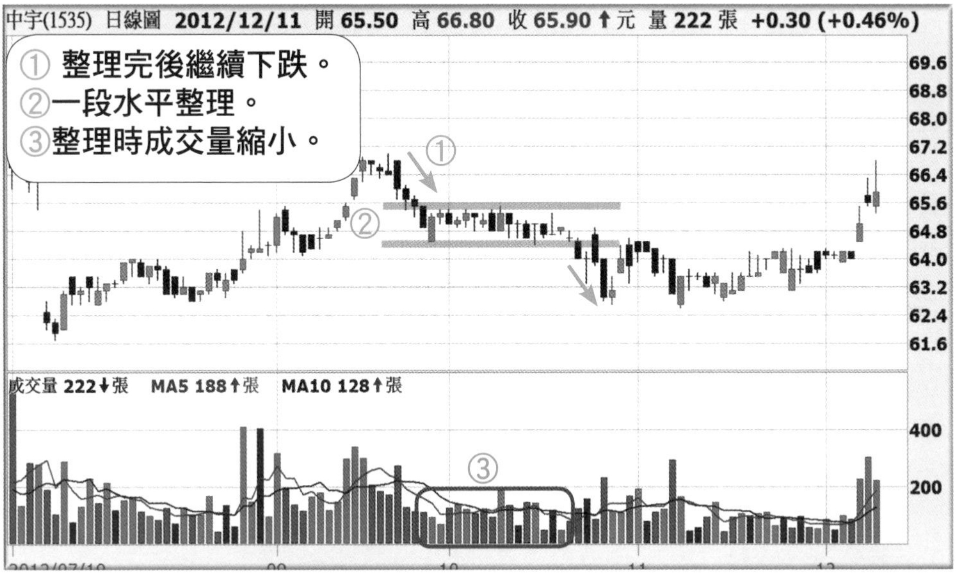
中宇(1535) 日線圖 2012/12/11 開 65.50 高 66.80 收 65.90 ↑元 量 222 張 +0.30 (+0.46%)
① 整理完後繼續下跌。
②一段水平整理。
③整理時成交量縮小。
69.6
68.8
68.0
67.2
66.4
65.6
64.8
64.0
63.2
62.4
61.6
成交量 222↓張 MA5 188↑張 MA10 128↑張
400
200

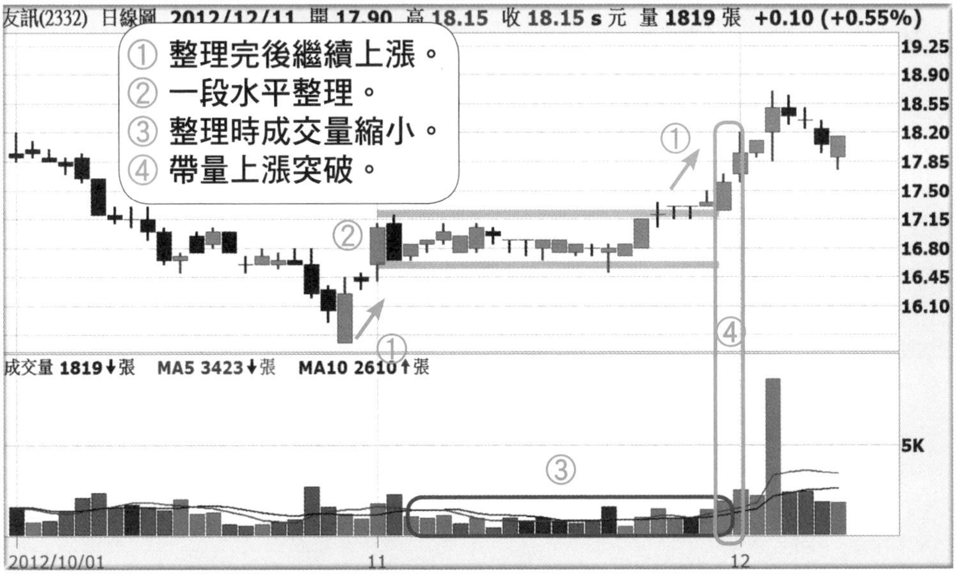
友訊(2332) 日線圖 2012/12/11 開 17.90 高 18.15 收 18.15 s 元 量 1819 張 +0.10 (+0.55%)
① 整理完後繼續上漲。
② 一段水平整理。
③ 整理時成交量縮小。
④ 帶量上漲突破。
19.25
18.90
18.55
18.20
17.85
17.50
17.15
16.80
16.45
16.10
成交量 1819↓張 MA5 3423↓張 MA10 2610↑張
5K
2012/10/01
11
12

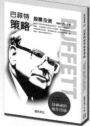

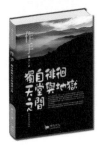

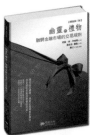

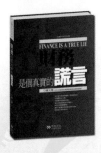

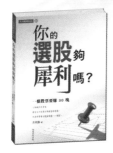

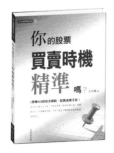

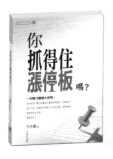

中華民國
壹仟圓
臺灣銀行
1000

03 章

STOCK

牢捉13種買賣點
新手也能聰明獲利

Point 01 13種聰明獲利的買賣點

股價變動有經常出現的模式，雖然不一定100%重復歷史，但機率很高，如果能瞭解這些模式，交易技巧將向前跨出一步。

▷ 有多少拿手模式，決定了你的勝負

上網蒐尋或購買市面技術分析的書，會發現各門各派的股價圖模式，這裡簡化為十三個交易訊號模式。都是以前老手投資家和專業投資者們熟知並愛用的結晶，在此，我們把它設計成讓新手看一眼就學會的圖解。

當然，在實際的股票價格變動中，幾乎不可能重復出現完全相同的變動模式，各個時期的主客觀情況也都不一樣。這裏介紹的模式主要是讓初學者能簡易的尋找相應的、有效的交易戰略，如此，在股市實戰中就更能輕鬆的抓住交易竅門。

投資人可以將這十三個買賣點模式作為原型，記在心裏。隨著查看股價圖積累經驗，能夠不斷增加自己熟知擅長的圖形模式。

這樣一來，就能自信的說「等到股價變動出現這個模式後，市場就是我的囊中之物了！」因此，找到自己特有的必勝模式非常重要。

▷ 買、賣、停損與交易計畫

瞭解了圖表模式後，投資人就可以根據圖形「照表操課」，總結起來就是要認真的設想三件事：

⑴股價型態變這樣後就是「進場點」；

⑵股價上漲/下跌到這裏後就是「停利點」；

⑶股價型態變為這樣就是放棄「停損點」。

其中，就數停損點最為重要。

即使再多麼有效的進場信號，其中也不乏「假像」的出現。遇到這種情況，買進股票後如果一直持有，可能會導致損失擴大。因此，為了將損失限定在最小範圍內，需要一定的措施，這就是設定停損點。

除了進場、停利、停損這三個點的具體思考方向，在實際的交易過程中，還要根據情況隨機應變並進行修改，因此，需要設定交易計劃。

交易計劃必須認真執行，但事實上非常難。要一個有情緒的投資人機械式的照著圖表買進，賣出並停損是「理想狀況」，當人坐在電腦面前看著不斷跳動的行情或是處在雜音四起的證券公司時，判斷容易受環境不理性的影響而失了準頭，所以，這一方面是需要時間的磨練與情緒控制，另一方面，也可以試著用網路下單軟體把前一天制定好的交易價位設好，目標是讓交易能根據既定計劃按部就班的執行。

* 根據圖表模式，從交易到獲利的兩個步驟

第一步／頭腦裡頭要有圖表模式！熟記了就能立刻應變

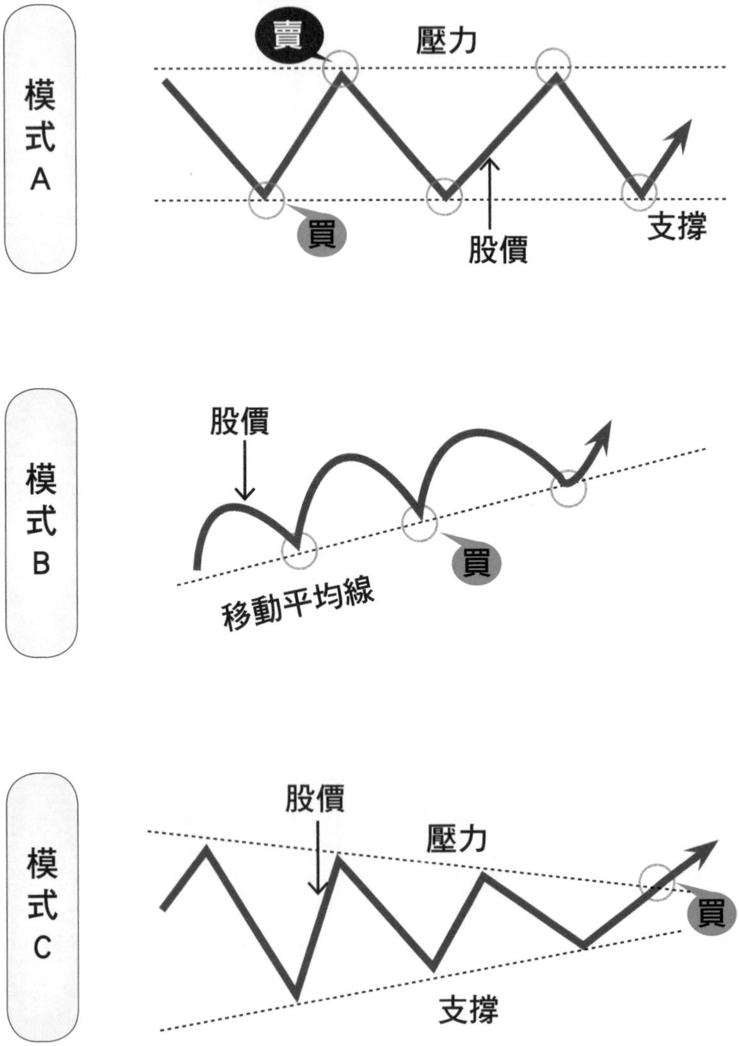

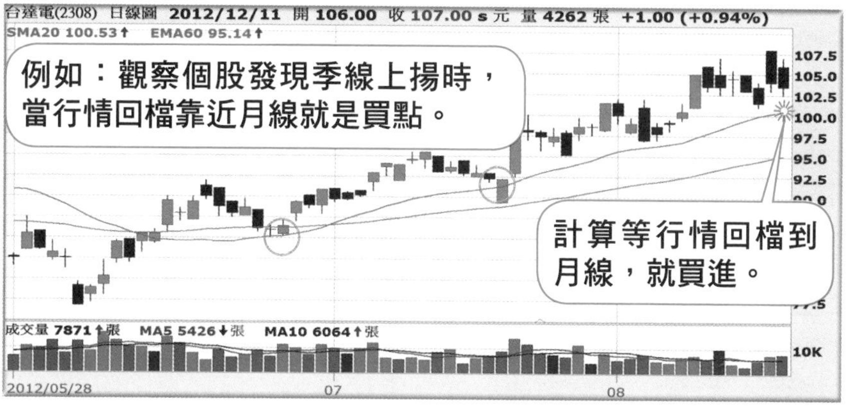
台達電(2308) 日線圖 2012/12/11 開 106.00 收 107.00 s 元 量 4262 張 +1.00 (+0.94%)
SMA20 100.53↑ EMA60 95.14↑
例如：觀察個股發現季線上揚時，當行情回檔靠近月線就是買點。
計算等行情回檔到月線，就買進。
成交量 7871↑張 MA5 5426↓張 MA10 6064↑張
2012/05/28
07
08

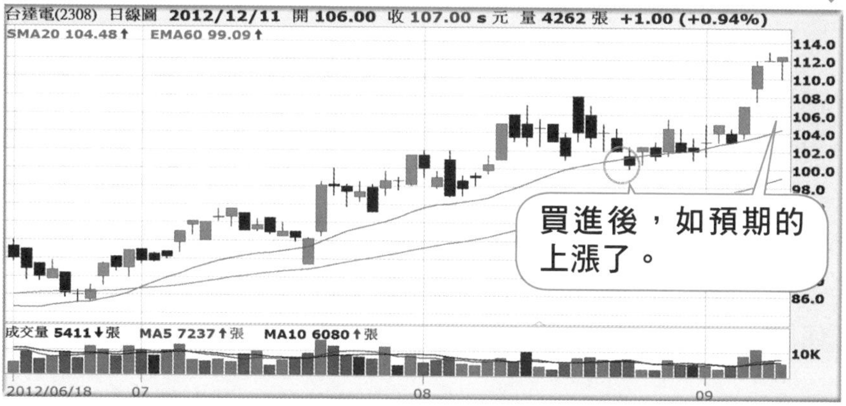
台達電(2308) 日線圖 2012/12/11 開 106.00 收 107.00 s 元 量 4262 張 +1.00 (+0.94%)
SMA20 104.48↑ EMA60 99.09↑
買進後，如預期的上漲了。
成交量 5411↓張 MA5 7237↑張 MA10 6080↑張
2012/06/18
07
08
09

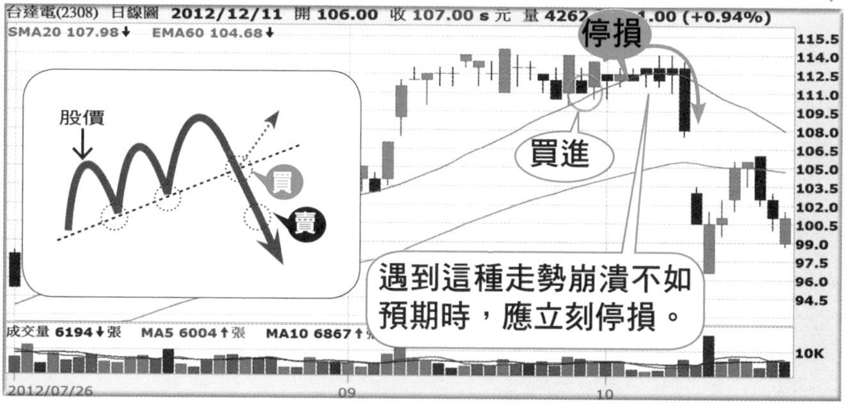
台達電(2308) 日線圖 2012/12/11 開 106.00 收 107.00 s 元 量 4262
停損
SMA20 107.98↓ EMA60 104.68↓
股價
買
賣
買進
遇到這種走勢崩潰不如預期時，應立刻停損。
成交量 6194↓張 MA5 6004↑張 MA10 6867↑
2012/07/26
09
10

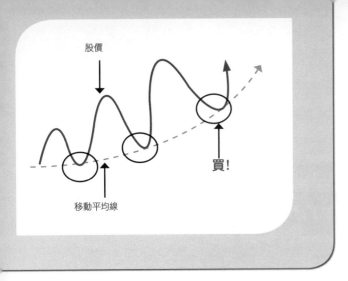

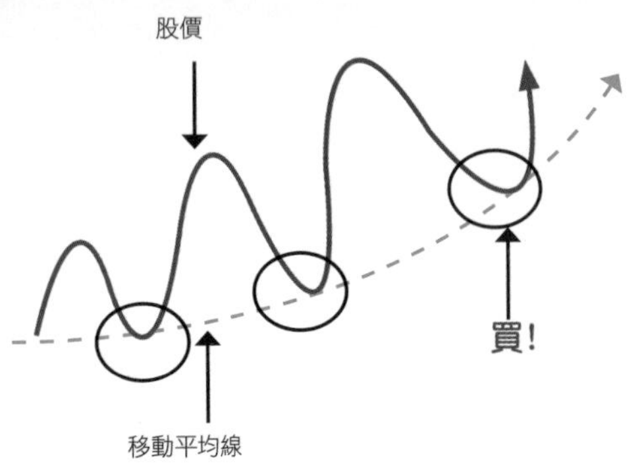

買進訊號 01

上漲走勢中，股價下跌至移動平均線，買！

第一個介紹的信號，是採取前一圖例，也就是當股價沿著移動平均線順利上漲，在跌到靠近移動平均線時，是買進的時機。可以在個股規律的反彈行情出現後獲利出場。

採用這種圖形可以根據自己的感覺，例如「如果下跌到這裏，就讓人感覺到走勢崩潰了」，或者自己設定「損失在XX元以上」以決定停損點。

在次頁台達電的例子中，股價沿著20日移動平均線一路操作，股價只要來到20日均線附近就買進，在獲利4～5元左右賣出，但110元買進後(圖「c」點)，股價跌破20日移動平均線，這時感覺到「這種步調有點失常」就應停損賣出。或者，自己設定每張股票損失不超過2000元(也就是跌超過2元)。像這樣自己決定停損規則也可以。

為了讓這個模式的交易成功，最好尋找上漲波動反復出現的模式－－反復出現從移動平均線上反彈、反復出現同樣的偏離移動平均線上漲幅度，如此，勝算就更增加。

＊ 上漲走勢中，股價下跌至移動平均線 範例

①觀察個股的走勢，在季線(60MA)的支撐下，行情一跌到月線(20MA)總會出現反彈，而且價格約4～5元，投資人可以利用這個規律，先假設行情會依這個步調繼續下去。

②從過去的規律「a」、「b」……之後反彈的高度都差不多是4～5元。

③在這裡依規律買進後，並沒有繼續上漲，而是跌出20MA。

④將一直反復出現的上升波動高度作為獲利了結的利潤率。停損放在向下跌破移動平均線時。

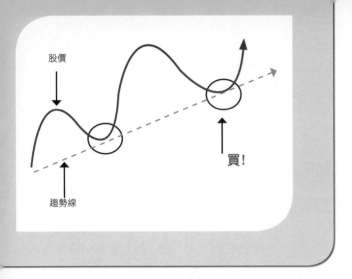

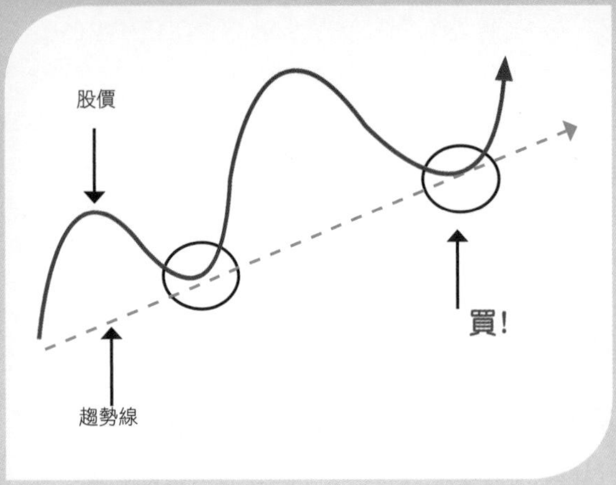

買進訊號 02

上漲走勢中，下跌到碰觸趨勢線，買！

下面要介紹的是，反復沿著趨勢線順利上漲的模式。

就像次頁範例一樣，發現股價沿著趨勢線上漲的模式，依此設定交易計劃就很簡單了。

當股價跌到趨勢線就是買進信號。停利的設定可以參考一直反復的上漲波動幅度。

以本文的例子，保守計算碰到支撐線約反復出現12%的上漲幅度，所以可以把12%當成獲利目標。另一種方式，也可以在前一次高價附近停利。若股價向下跌破趨勢線後，就要停損了。也可以「感覺下跌到這裏走勢崩潰」或設定「最多只承受××元損失」。

這種交易設定方式(停利比例設高一點、停損比例設低一點)可以說是「以小風險換大收益」的模式。

＊ 上漲走勢中，股價下跌至趨勢線 範例

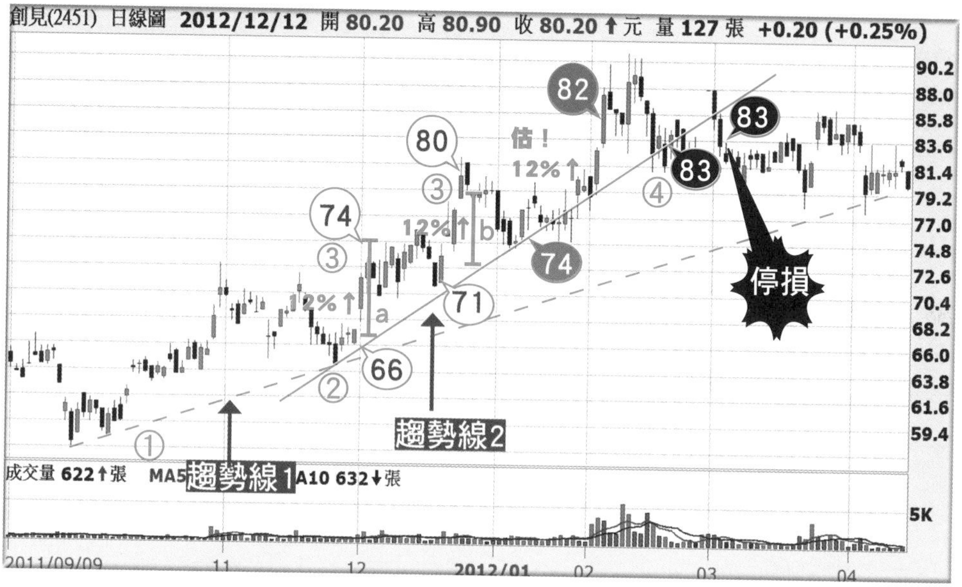

①連接最近的兩個低點，是向右肩向揚的趨勢。

②再次連接最近的兩個低點，也是向右肩向揚的趨勢，而且這次的角度更小，可以把第①條較和緩的趨勢線當成長線保護線，由此判斷行情處於上升平台。

③觀察行情在第②條趨勢線每當價格跌到趨勢線再反彈時，大約是12%。可以以此為標準，在行情再次跌到趨勢線時買進，本例是74元時買進。果然捉12%的漲幅這次的策略是成功的。

④再次使用前次策略在83元買進時，行情沒有上漲，反而下跌到趨勢線之下，投資人可以在83元時停損出場。

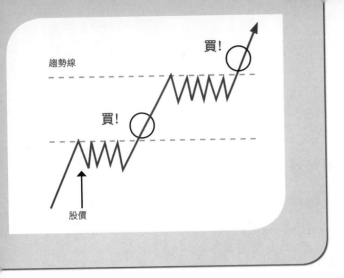

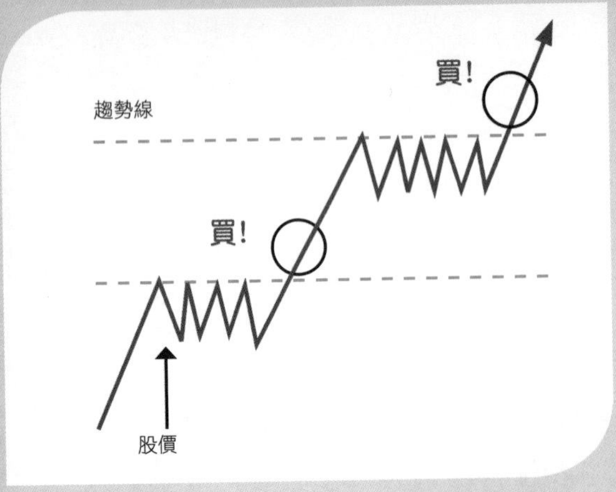

買進訊號 03

窄幅盤整，變為向上突破後，買！

盤整，是指既不上漲也不下跌，保持上下浮動的形狀。持續盤整後，如果行情向上突破，之後多半會進入上漲走勢。因此，「盤整後突破」可以看作是買進標誌。此外，也有盤整時間維持越長，向上突破之後買進信號愈可靠的特性。

次頁的兩個例子都孚合「狹窄範圍」內「長時間」盤整並伴隨「成交量激增」，如此，上漲的可靠性很強，之後多半都會真正進入上漲走勢。

為了保險起見，隨著股價上漲可以不斷提高「下跌到這裏後就賣出」的停利點，本例是採用前一波的最低點，當股價順利的往上爬，一面要留心停利點，在急漲之後，如果出現長上影線，就要特別小心，甚至可以直接出場，這表示投資大眾對那樣的高價已經出現疑慮（K線的看圖法，可參考本系列的第二本書）。

＊ 窄幅盤整，變為向上突破後 範例

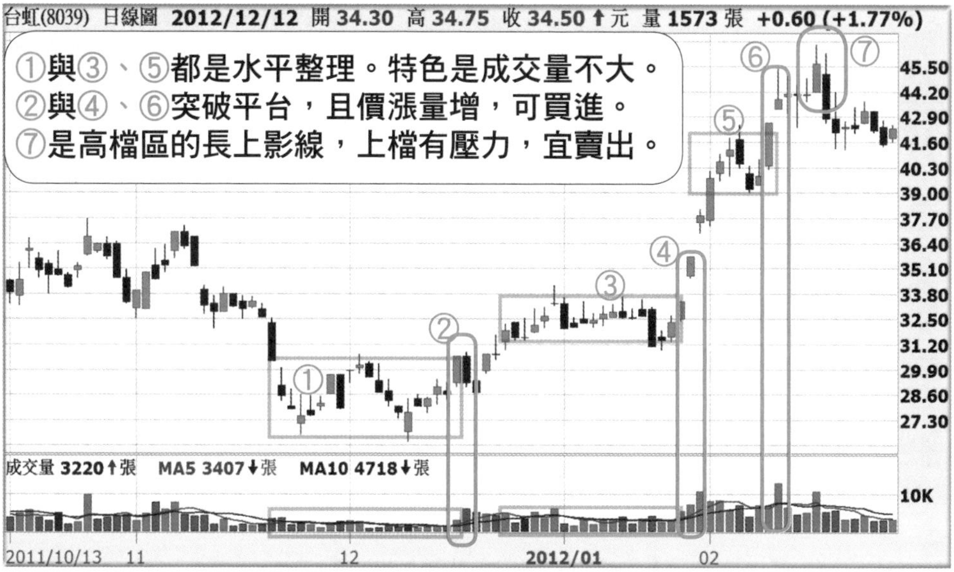

台虹(8039) 日線圖 2012/12/12 開 34.30 高 34.75 收 34.50 ↑元 量 1573 張 +0.60 (+1.77%)
①與③、⑤都是水平整理。特色是成交量不大。
②與④、⑥突破平台，且價漲量增，可買進。
⑦是高檔區的長上影線，上檔有壓力，宜賣出。
成交量 3220↑張 MA5 3407↓張 MA10 4718↓張
2011/10/13 11 12 2012/01 02

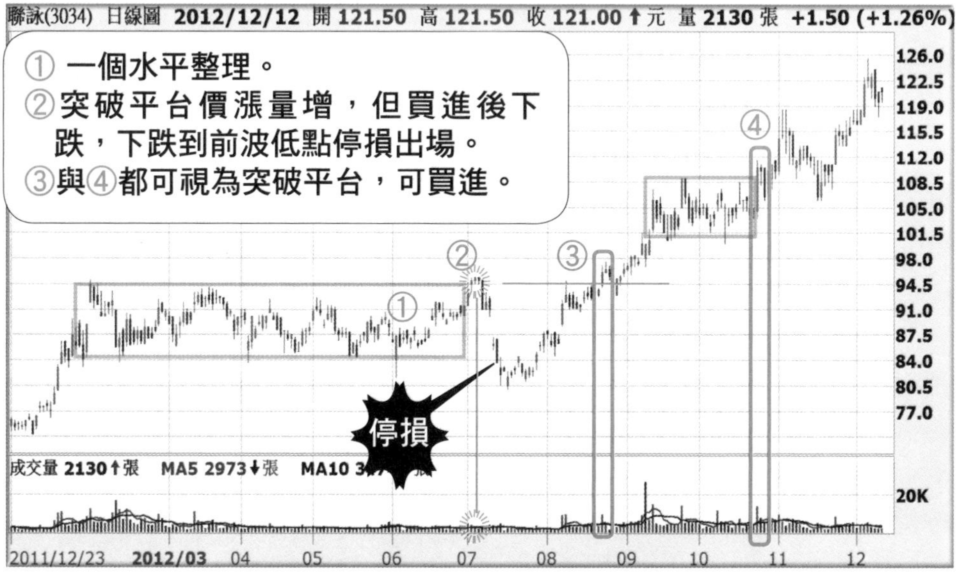

聯詠(3034) 日線圖 2012/12/12 開 121.50 高 121.50 收 121.00 ↑元 量 2130 張 +1.50 (+1.26%)
① 一個水平整理。
②突破平台價漲量增，但買進後下跌，下跌到前波低點停損出場。
③與④都可視為突破平台，可買進。
停損
成交量 2130↑張 MA5 2973↓張
2011/12/23 2012/03 04 05 06 07 08 09 10 11 12

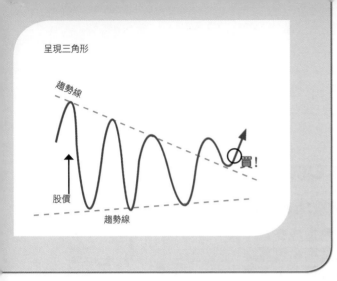

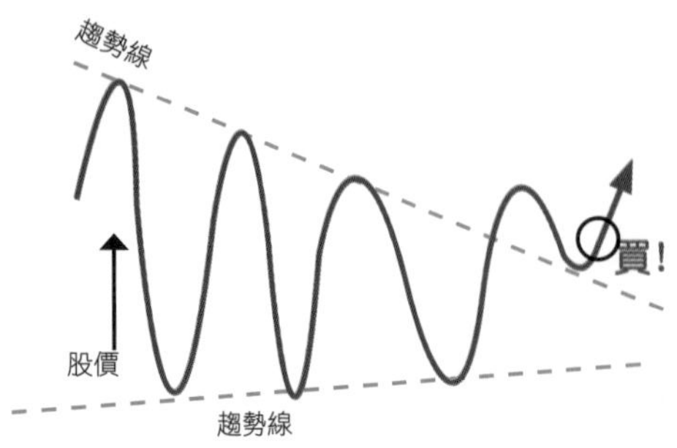

買進訊號 04

三角整理後，向上突破，買！

三角整理，是在上有壓力線和下有支撐線之間股價上下振幅逐漸變小的模式。由於是循著三角形的形狀波動，所以叫做三角整理。

股價從三角整理往上突破，之後多半都會持續上漲。因為這意味著賣出買進失去平衡並朝單一方向大幅度變動的形狀，而向上突破表示上漲的機會來臨。

三角整理的形狀也跟前面的橫向盤整一樣，時間長、形狀收斂、變動安靜後，伴隨著成交量激增，圖形向上突破，也是非常可靠的「買進標誌」。

三角形的「高價和低價差額」，加上突破點的價格就是停利點。以次頁範例而言，三角波動上下幅度差是1元，突破壓力後回測壓力在13.1元，獲利滿足點可以設在13.1+1元=14.1元。

假設行情沒有把走勢帶上衝，且明顯向下跌破支撐線讓人感覺到「形狀崩潰」的地方就是停損的點(本例約12元)。所以，發現三角趨勢，可以在比壓力線高一點的地方設買點、在比支撐線低一點的地方設賣點。

＊ 三角整理後，向上突破 範例

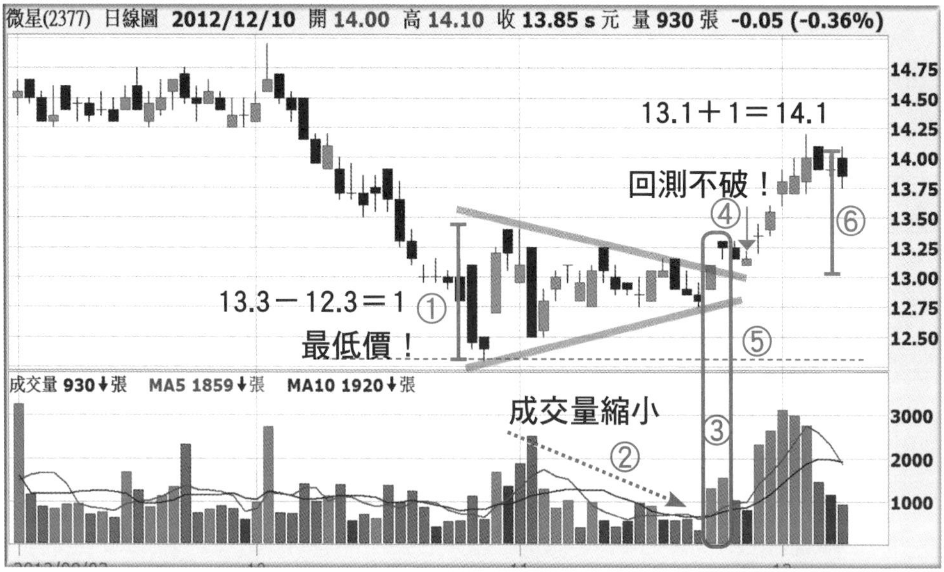

①是在一段三角整理，最高與最低價差是1元。

②三角整理的成交量縮小，合於整理形態的條件。

③從三角整理的尖端出現價格向上跳空大漲，且成交量增加。

④等行情回測壓力線，若沒有破壓力線，則可以趁這個低檔買進。本例進場價是13.1元。

⑤行情也可能看走眼，所以，要先設停損點，可以捉前一波的最低價，本例是12元。

⑥以三角形的垂直距離1元為獲利目標，當價格來到14.1元時，為獲利滿足點。

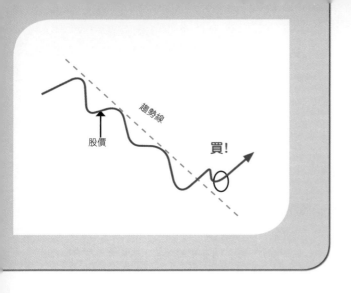

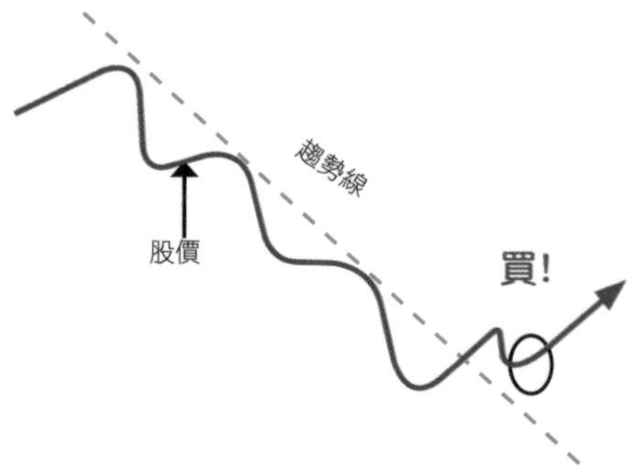

買進訊號 05

下跌走勢下，股價向上突破壓力，買！

先看本例，以趨勢線（壓力線）為界持續下跌的股，突然上漲並突破趨勢線後股價多半會轉入上漲走勢。因此，這個模式中，「突破趨勢線」是買進標誌。

但股價突破趨勢線之後，通常會先跌一下。因為下跌走勢持續的過程中，有部分投資人心理上想的是：「太傷心了跌那麼多，等出現好價位就賣出。」

因此，除了「突破趨勢線處買進」外，還可以考慮「在突破趨勢線後的一時突然下跌處」買進。這裡的「一時突然下跌」其買進目標可以參考重要的移動平均線。

關於停利，就像本例一樣可以伴隨上漲而逐步提高停利點。停利點(賣出點)可以設在上漲過程中的波段低點。也就是向下跌破波動低點就賣出，以本文範例而言，不斷的提高停利點，當股價來到⑥時，已經出現可能往下走的味道了，短線投資人可以在這個點賣出。

停損可以設定在「本以為即將轉入了上漲走勢，卻再次下跌」的地方，本例大約在125元。

＊ 下跌走勢下，股價向上突破壓力 範例

①連接兩個高點畫出向右肩下跌的壓力線，可判斷大趨勢是下跌的。

②跌速更猛，可以再畫一條壓力線。

③一根帶量的大陽線突破趨勢線2，可初步判斷行情可能逆轉向上。

④行情回測壓力線不破，可視為相對低點買進。

⑤何時才是獲利出場點呢？可以採階段性停利。例如，在這裡可以在最近的最低價畫水平支撐線，採取「若跌破這裡就賣出」，如此，既可保有既有的利潤，又可以彈性的挑戰更高的獲利。

⑥的道理與⑤一樣，最後在跌破最近的低價處賣出。

⑦在④買進後，也有可能上漲不順利，可設跌破前波低點就要停損。

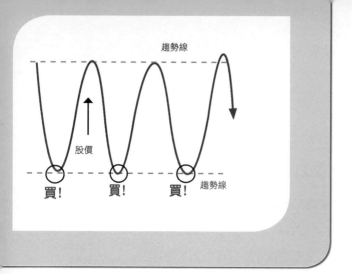

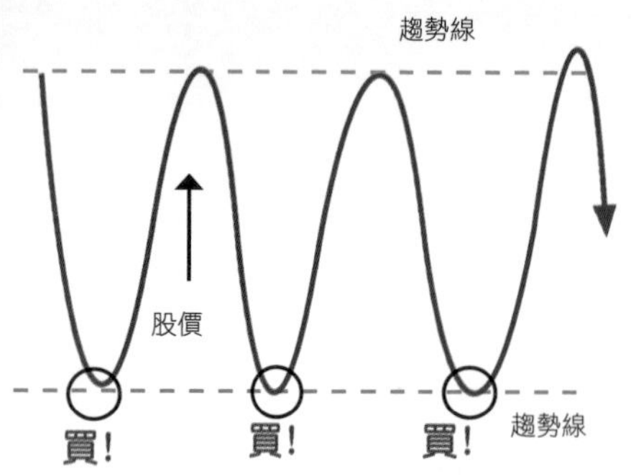

買進訊號 06

變成BOX後，下限買進！上限賣出！

BOX模式就像次頁的兩個範例，行情在一定的價格水平（有人又叫股票箱）來來往往，形狀非常簡單。符合BOX模式的個股，可以為投資者帶來絕好的買賣機會。不過，通常要挑大型的績優股比較保險。

關於買賣點，從圖表就一目了然。「下跌到BOX下限附近」是買進信號，「上漲到BOX上限附近」是賣出信號。因此，可以在接近下限發出委託買進，在BOX上限附近發出賣出預約。

為了能夠確保預約成功，在BOX上限稍下方發出賣出委託比較好。發現了這樣規律的模式，算是買賣的絕好機會。

以為股價會向上走，但也會出現好像不再走BOX模式的時候，此時，在低於BOX下限一點的地方也要進行停損。

業績和股價變動穩定，成交量也大的大型股，發現股價呈BOX模式時交易獲利的機率比較高。相對的，若看上去是BOX變動，但公司業績不穩定，或者成交量小的股票，形狀有可能突然崩潰，股價急劇下跌或暴漲。因此，優良的大型股比較適合這個模式。

* 變成BOX後，下限買進！上限賣出！ 範例

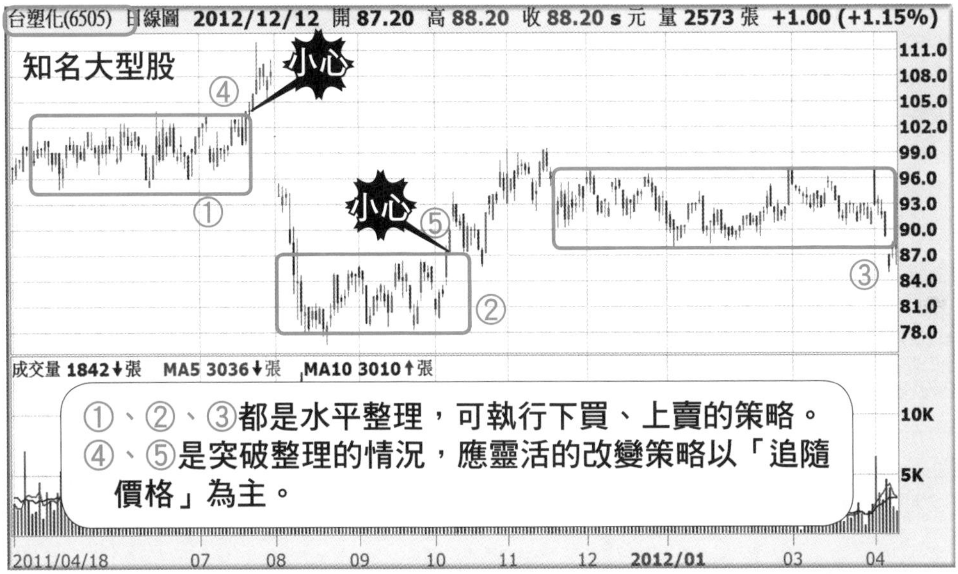

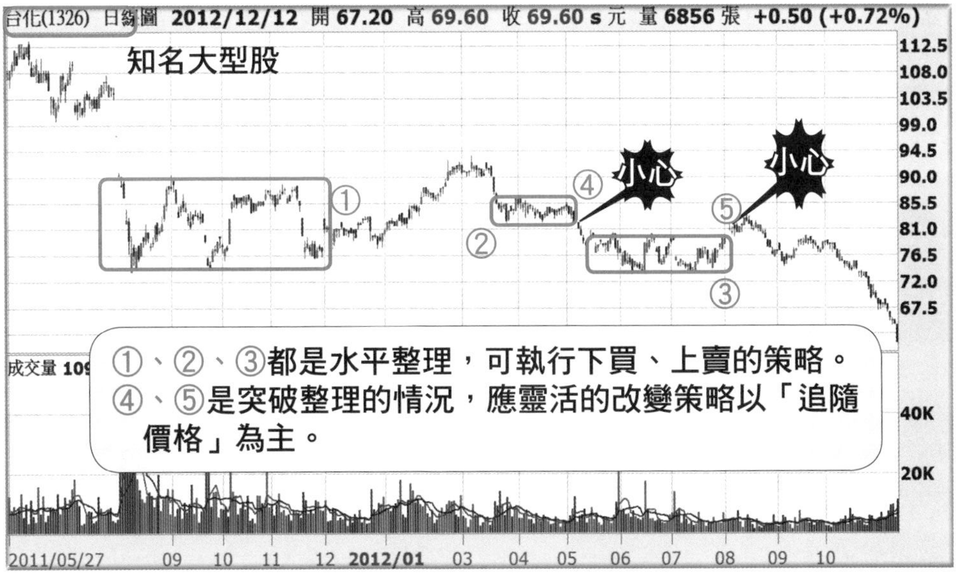

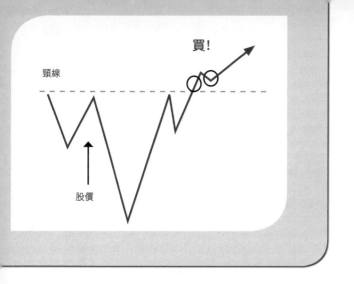

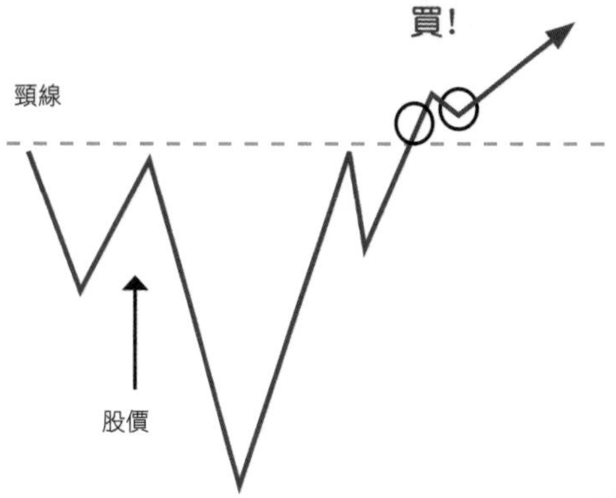

買進訊號 07

低價圈出現頭肩底，突破頸線，買！

頭肩底是股價出現三次低價，中間低價下陷最深的形狀。在低價圈出現，是強有力的打底信號，準備上漲的模式。這樣的模式買進信號是「明顯向上突破頸線」處。頸線是指，連接頭肩底兩次回升高價而成的線。股價突破這條線後，可以看作是頭肩底形狀築底完成。突破頸線後，有可能會先拉回回測頸線，若不破頸線，就可以趁低價買進，或者，買進目標可以設在突破重要移動平均線。頭肩底的打底形狀勁頭很強，完成打底後若股價只稍微低於頸線，並不能說模式崩潰了。若行情確認為頭肩底的形狀，反而可以一時突然下跌為前提，分好幾次買進。

停利點從突破點算加「頭肩底最低價到頸線的幅度」，比如本例頭肩底的最低價到頸線距離是10，突破點在40，停利點在50。如果股價雖然一度突破頸線，但卻沒有順利往上走，而是被推回頭肩底形狀的一半以上，頭肩底的模式算是已經崩潰，投資人只能認賠出場，本例是35元(10／2＝5；40－5＝35)。

＊ 低價圈出現頭肩底，突破頸線 範例

①確認為頭肩底，連接「a」與「b」為頸線。

②參考重要的均線（本例是季線）。在③出現一根帶量的長陽線，既突破頸線又跳上均線，可視為頭肩底形態完成

④計算底到頸線的距離約10元，它的一半(5元)就是看錯行情時的停損價位，本例在40元時為突破價，所以，萬一進場後價格跌到35元(40-5)就要停損出場，而它的獲利滿足點則是這段距離，所以，進場後的獲利滿足點是50元(40+10)。

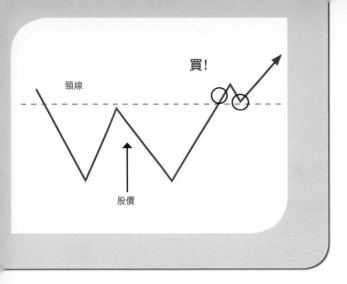

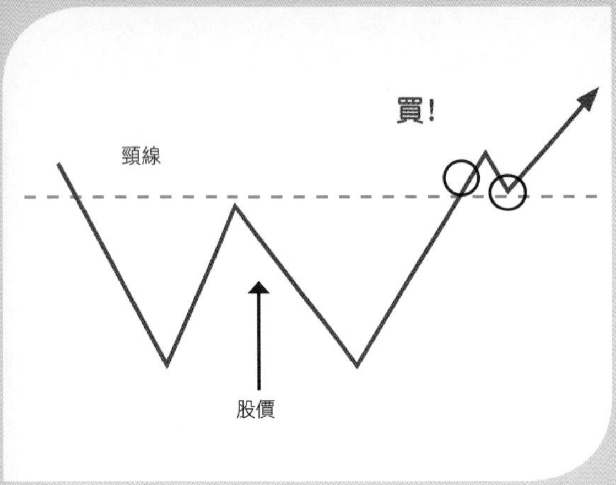

買進訊號 08

低價圈出現W底，突破頸線處，買！

W底是形成兩次低價的形狀。在低價圈出現這樣的形狀，之後股價有機會轉入上漲走勢。W底模式和頭肩底很相似，不過比頭肩底出現得更頻繁。

W底也有一條頸線。W底的頸線，是前次回升高點的水平線，本例來看約在7300點。股價突破這條線後，說明已經完成了W底形狀的塑造，此處是股價「打底、進入上漲走勢」的標誌。也就是說，「突破W底的頸線」是買進標誌。

買進點是在突破頸線的位置，可以在稍高於頸線處做預約買進。確認了頸線突破後，還可以等待一時突然下跌的買點，這時候的買點可以參考股價碰到主要移動平均線或頸線。獲利了結點，在「W底的上下變動幅度差加上頸線的股價水平」、或者「前一次的上漲幅度，加上最近的低價」。

停損，在下跌到W型態的中間價位。當股價下跌到這裏，W底模式很有可能已經崩潰了。

＊ 低價圈出現W底，突破頸線 範例

①行情從高點落下，兩次在7050左右就止跌反彈，在前一波反彈的最高點「a」畫一條水平線為頸線，當行情在②帶量跳空上漲時，可視為W底的可能形態，一般W底行情上漲後會拉回來回測頸線，但本例幾乎頭也不會的向上漲。

③計算底到頸線的距離約250點，它的一半(125點)就是看錯行情時的停損價位，本例在7300點時為突破價，所以，萬一進場後價格跌到7175點(7300-125)就要停損出場，而它的獲利滿足點則是這段距離，所以，進場後的獲利滿足點是7550點(7300+250)。

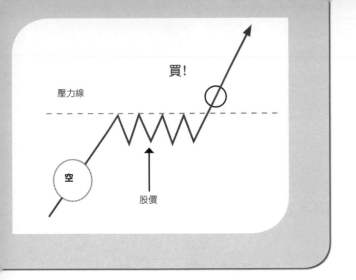

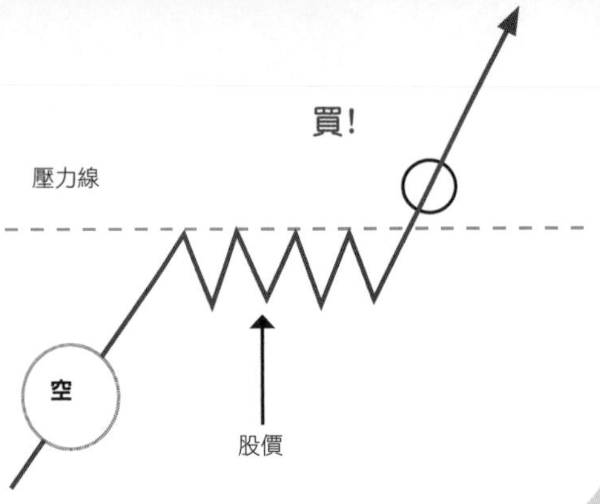

買進訊號 09

跳空暴漲後，又跳空突破盤整，強力買進！

跳空是因為過強的買(賣)勢力，使得股價不連續的K線圖形缺口。「伴隨成交量激增，跳空上漲」，是由於買盤蜂擁而至所導致的結果，表示「強有力的上漲勁頭」。如果順利抓住機會，短期內就能獲得利潤。

但若判斷錯誤，上漲能量沒有持續，反而轉為下跌，有可能股價會暴跌以填補跳空的空白。若跌到跳空的價格帶以下，股價一旦開始下跌，就可能拖拖拉拉的下跌。

因此出現跳空暴漲，得要觀察之後的價格變動。

暴漲後如果出現盤整，等到向上突破盤整後，就是買進的標誌。這是上漲勁頭十分強勁的模式，因此買進標誌一出現，就有可能會馬上急劇上漲。至於上漲的滿足幅度，可以捉跳空上漲前的最低價，到突破盤整平台之間垂直的距離。另外，也要注意，這種跳空暴漲的圖形最常出現在跌勢很久之後的底部區域，而且，整理平台的出現有時候不只一次，有可能會出現大大小小不等的整理平台。總之，在底部區域出現跳空上漲，沒有短時間回補，都是有行情可期待的。

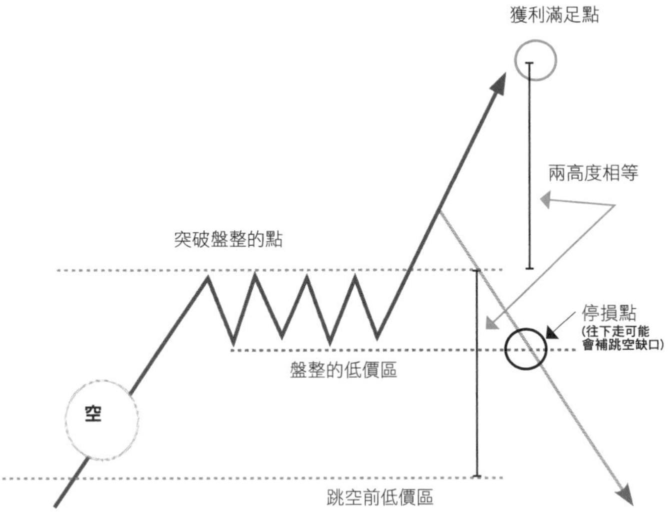
獲利滿足點
兩高度相等
突破盤整的點
停損點
(往下走可能
會補跳空缺口)
盤整的低價區
空
跳空前低價區

＊ 跳空暴漲後，又跳空突破盤整 範例

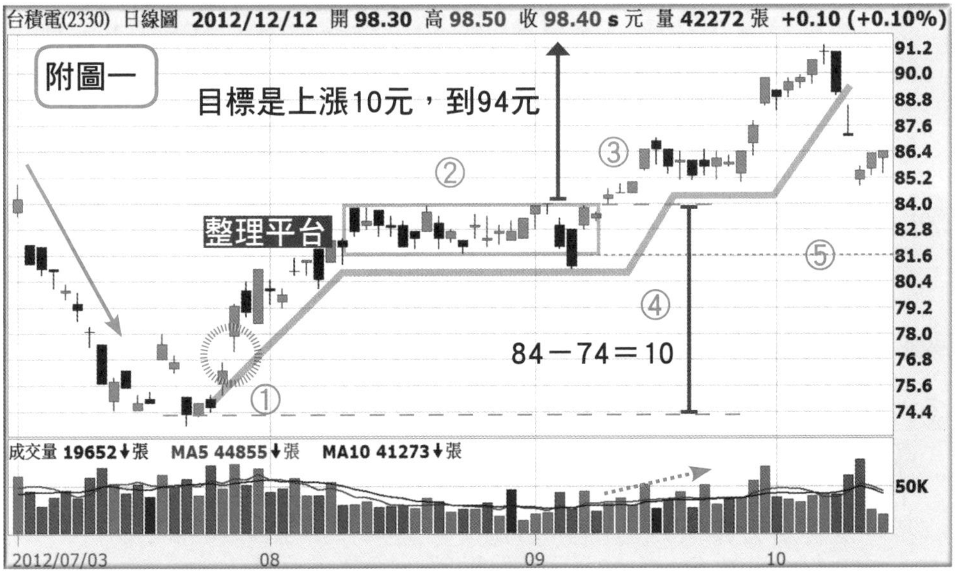
台積電(2330) 日線圖 2012/12/12 開 98.30 高 98.50 收 98.40 s元 量 42272 張 +0.10 (+0.10%)
附圖一
目標是上漲10元，到94元
整理平台
②
③
①
④
⑤
84－74＝10
91.2
90.0
88.8
87.6
86.4
85.2
84.0
82.8
81.6
80.4
79.2
78.0
76.8
75.6
74.4
成交量 19652↓張 MA5 44855↓張 MA10 41273↓張
50K
2012/07/03
08
09
10

①在一段長時間下跌行情中，價格先打出一個w底，之後再出現一個大跳空，並直接拉出一根很長的陽線，說明在這裡出現了非常強力的利多因素，使得投資人一窩蜂出手，使行情大漲。如此快速的跳空急漲，短時間內沒有回填跳空價位，說明並沒有引發獲利了結潮，可見利多的訊息相當可靠，投資人十分有信心。

②出現一段水平整理平台，在這裡說明即使已經出現獲利了結的投資人，但新加入的投資者把籌碼吸走，所以行情呈現整理。

③價格再次以跳空突破整理平台，而且成交量逐步增加。

④行情走到這裡，可以從突破整理平台之後開始計算可能的上漲幅度，計算方式是從跳空前的最低價(本例可捉整數74元)至行情突破平台的突破價(本例可捉整數84元)，兩者的差距是10元，那麼，初步可以估計行情可以上漲到94元(84+10)。

⑤萬一行情不如預期，可以捉跳空後整理平台的底部為停損點，也就是買進後若行情跌到81.5元，就停損出場。

⑥底部跳空，只要短時間沒有回補，在強力向上挺進行情的過程中，常見不止一次的平台整理，像本例就可以捉出兩個以上的整理平台，投資人只要捉住一個重點，掌握住「停損價」，只要價格沒有跌破停損價就可繼續持有。當然，有時整理行情上沖下洗很容易把投資人「洗出場」，這時候也可採分階段式的獲利，每賺進一段就先出場，邊走邊看，原則就是訊號看得懂的才進場，若有疑慮就出場。

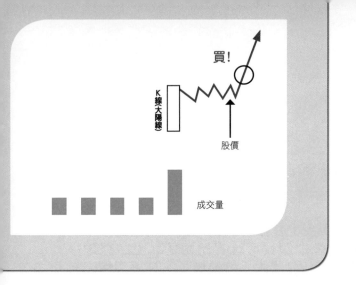

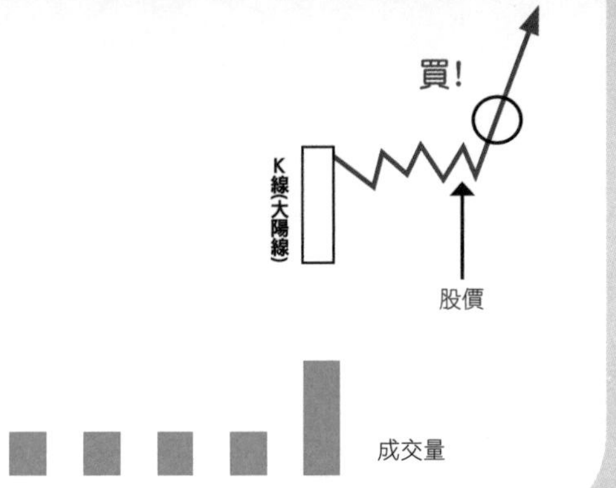

買進訊號 10

成交量激增，大陽線+突破盤整，買！

伴隨成交量激增出現大陽線後並突破盤整的模式，跟前面「跳空暴漲…」很像。不過，相較之下，跳空上漲的勢頭要比出現大陽線來得強。

先來看一個因買盤蜂擁而至的例子(見附圖一)。

附圖一是伴隨成交量激增出現的大陽線，這意味著買盤蜂擁而至。大陽線出現後，可以馬上買進。不過，如果暴漲後立刻買進，有可能也會捲入狂漲後暴跌的危險。或者是暴漲後再繼續上漲的空間很小。所以，還是應該冷靜的沈著對應。

如果等到急劇上漲後出現了盤整，等於股價在暴漲後經過一番整理後再出現突破上漲的模式，在此差不多可以確定上漲走勢開始了。

所以，在這裡的「向上突破盤整」是很好的買進信號。

獲利滿足點與停損如下圖：

＊ 成交量激增，大陽線+突破盤整 範例

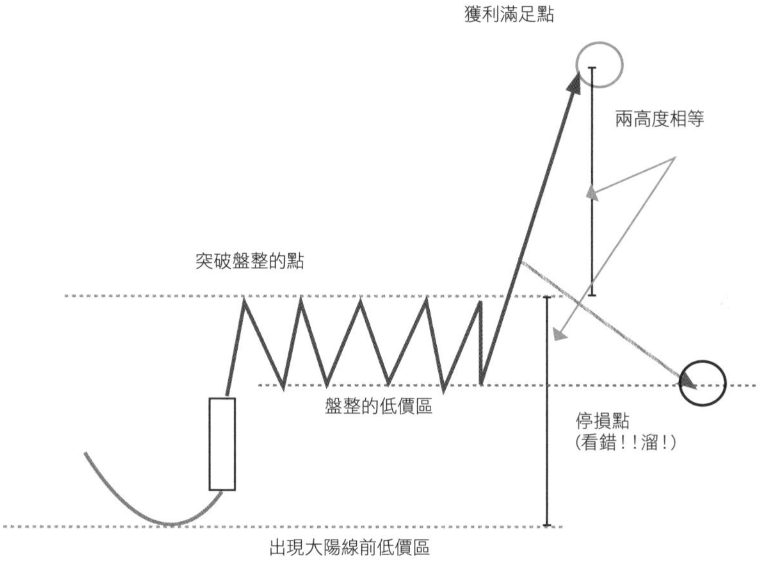
獲利滿足點
兩高度相等
突破盤整的點
盤整的低價區
停損點
(看錯！！溜！)
出現大陽線前低價區

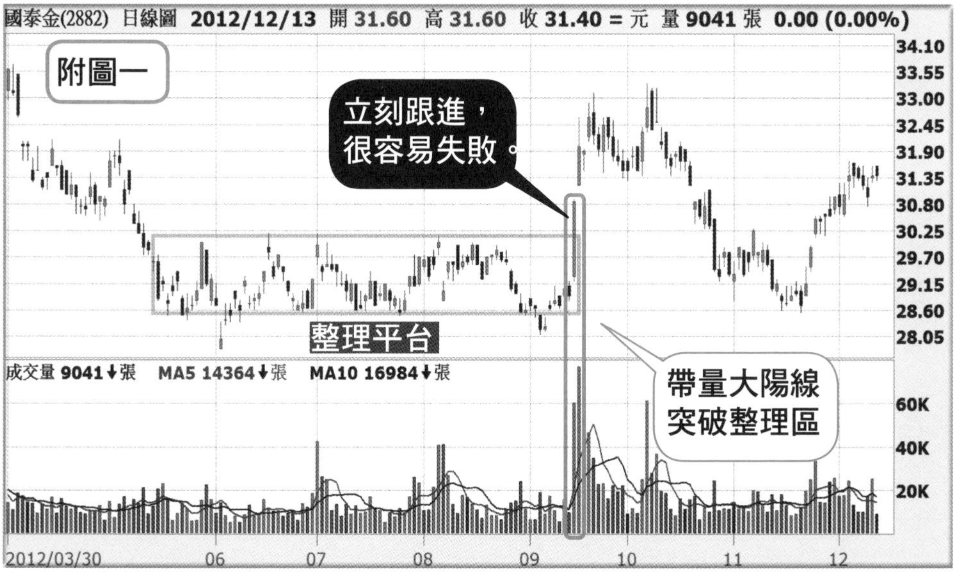
國泰金(2882) 日線圖 2012/12/13 開 31.60 高 31.60 收 31.40 = 元 量 9041 張 0.00 (0.00%)
附圖一
立刻跟進，
很容易失敗。
整理平台
帶量大陽線
突破整理區
成交量 9041↓張 MA5 14364↓張 MA10 16984↓張
34.10
33.55
33.00
32.45
31.90
31.35
30.80
30.25
29.70
29.15
28.60
28.05
60K
40K
20K
2012/03/30
06
07
08
09
10
11
12

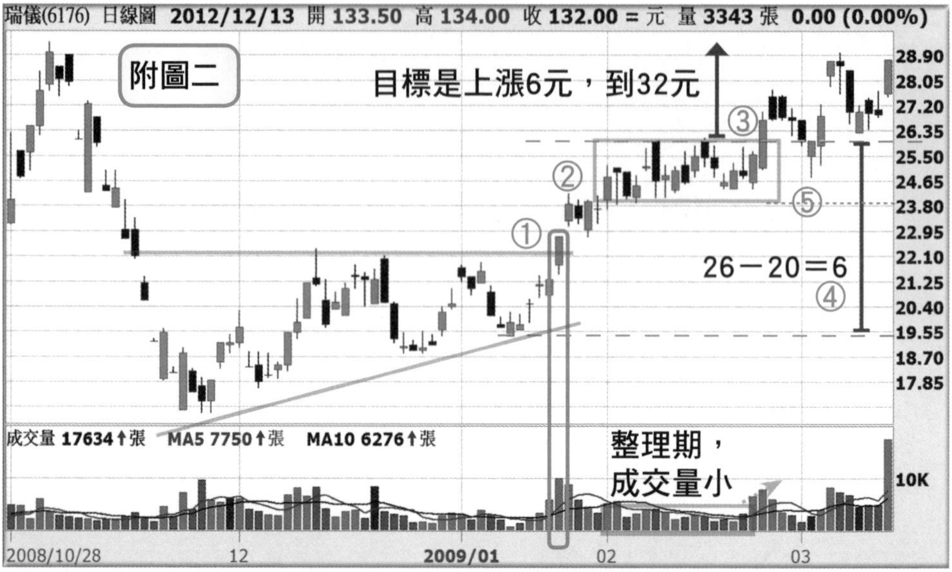
瑞儀(6176) 日線圖 2012/12/13 開 133.50 高 134.00 收 132.00 = 元 量 3343 張 0.00 (0.00%)
附圖二
目標是上漲6元，到32元
①
②
③
④
⑤
26－20＝6
整理期，
成交量小
成交量 17634↑張 MA5 7750↑張 MA10 6276↑張
28.90
28.05
27.20
26.35
25.50
24.65
23.80
22.95
22.10
21.25
20.40
19.55
18.70
17.85
10K
2008/10/28
12
2009/01
02
03

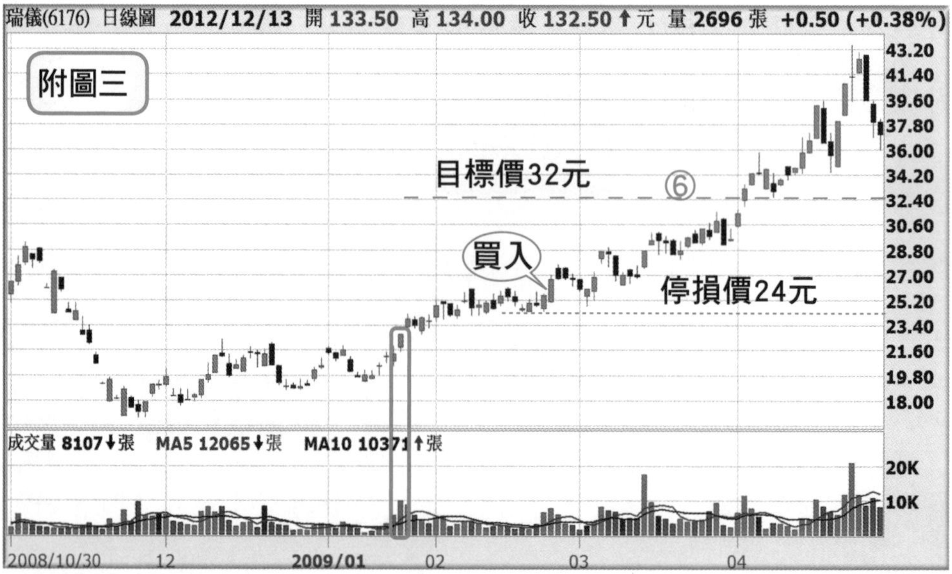
瑞儀(6176) 日線圖 2012/12/13 開 133.50 高 134.00 收 132.50 ↑元 量 2696 張 +0.50 (+0.38%)
附圖三
目標價32元
⑥
買入
停損價24元
成交量 8107↓張 MA5 12065↓張 MA10 10371↑張
43.20
41.40
39.60
37.80
36.00
34.20
32.40
30.60
28.80
27.00
25.20
23.40
21.60
19.80
18.00
20K
10K
2008/10/30
12
2009/01
02
03
04

①是一根帶量的大陽線，突破一個上升三角形。看起來上漲勢頭不小，若此時加入市場多頭，有可能獲利，但有可能獲利的空間很小，立刻就會出現獲利了結的賣壓，就像附圖一一樣。

②出現一段水平整理平台，在這裡說明即使已經出現獲利了結的投資人，但新加入的投資者把籌碼吸走，所以行情呈現整理。

③價格再次突破整理平台，而且成交量逐步增加。

④行情走到這裡，可以從突破整理平台之後開始計算可能的上漲幅度，計算方式是從出現大陽線前波最低價(本例可捉整數20元)至行情突破平台的突破價(本例可捉整數26元)，兩者的差距是6元，那麼，初步可以估計行情可以上漲到32元(26+6)。

⑤萬一行情不如預期，可以捉上漲後整理平台的底部為停損點，也就是買進後若行情跌到24元，就停損出場。

⑥行情很順利的來到既有的目標價格。事實上若行情勢頭很好，可以採用之前講過的用「階段性停利法」，只要行情不低於最近的最低價就繼續持有。當然，最重要的要掌握「停損價」，只要價格沒有跌破停損價就可繼續持有。

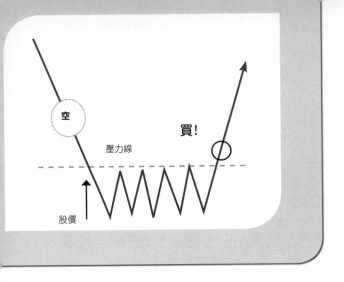

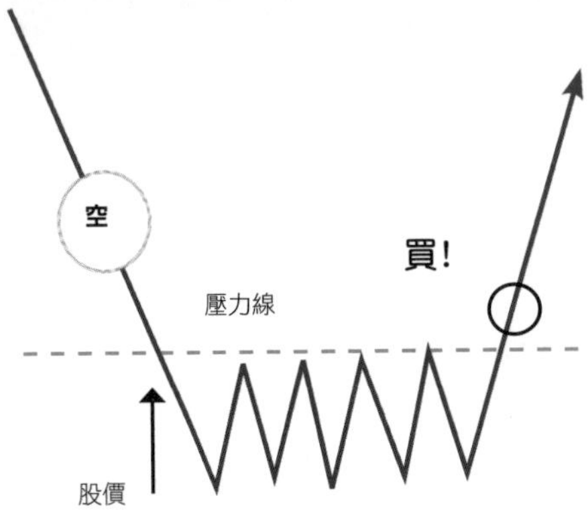

買進訊號 11

跳空下跌後，向上突破盤整，買！

前面提到「跳空暴漲」，本文是與之相反的「跳空暴跌」模式。

「跳空暴跌」，意味著賣出蜂擁而至，還沒來得及出現價格，就已經大幅度下跌了。這可能是因為產生了強勁的下跌能量，像本例投資人信心崩潰，連續出現三個向下的跳空缺口。在低價圈出現「跳空暴跌」後盤整，可以把它想成沒有信心的投資人在觀望一陣之後，一口氣拋出持股，使得下跌能量殆盡，出現打底形狀。

但投資人要仔細看清楚暴跌後是將產生更大的下跌能量？還是下跌能量耗盡？跳空暴跌後，如果向下跌破暴跌後的盤整，很有可能會持續下跌走勢。不過，如果向上突破盤整，以後也有可能馬上上漲，從而填補跳空。也就是說，「跳空暴跌」模式中，「向上突破跳空暴跌後的盤整」是買進信號。出現這個信號，股價有可能從這裏開始回升，所以可以在向上突破盤整的地方買進。獲利了結目標是，填補跳空的價格水平。停損的目標是，急劇下跌後的低價。原以為「會上漲填補跳空」，但卻下跌低於跳空後的低價，說明模式已經崩潰。

＊ **跳空下跌後，向上突破盤整 範例**

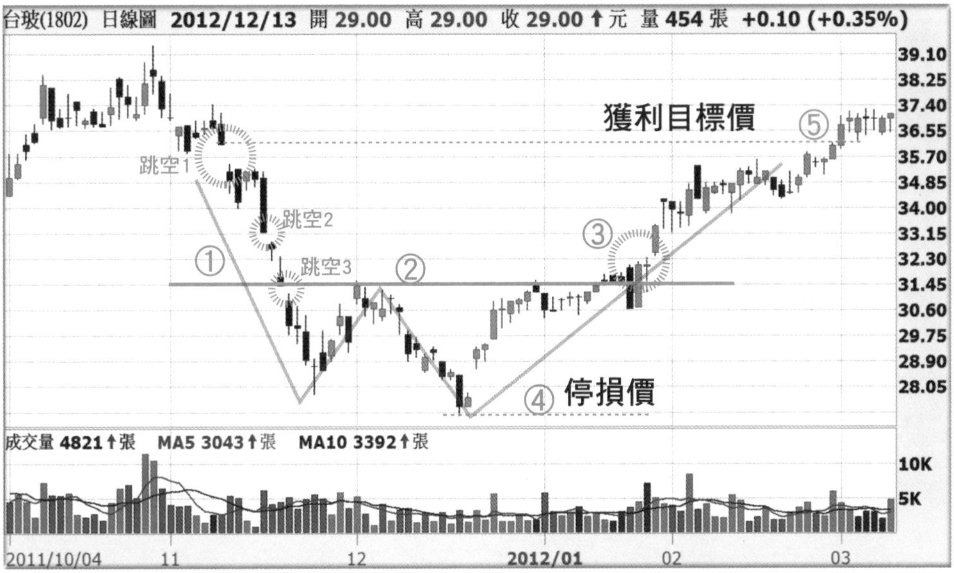

①是連續三次跳空，說明個股受到嚴重的利空消息襲擊，投資人信心崩潰。但在恐慌的賣壓之後，行情先是第一次反彈，接著再第二次反彈，出現了一個底部區的w底，顯然投資人的信心已經恢復。

②在第一波反彈的高點可以畫一條水平直線為頸線。

③在頸線處出現了一個向上的跳空缺口，說明股價可能撥雲見日。

④在買進的同時，應該先了解停損價，這樣形態的停損價可以設在w底的最低價，也就是若行情不如預期，若跌過這裡就該停損出場。

⑤獲利目標價可依前面跳空缺口為標準，也就是先假設行情會上漲到補滿缺口，以本例而言，一共有三個缺口，在③時已補滿一個缺口，可以逐步設停利，挑戰第二個跳空缺口之後再挑戰第一個缺口。

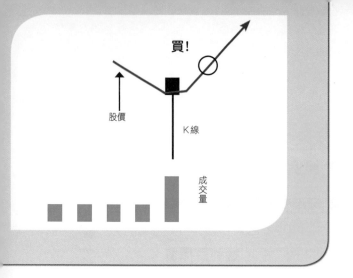

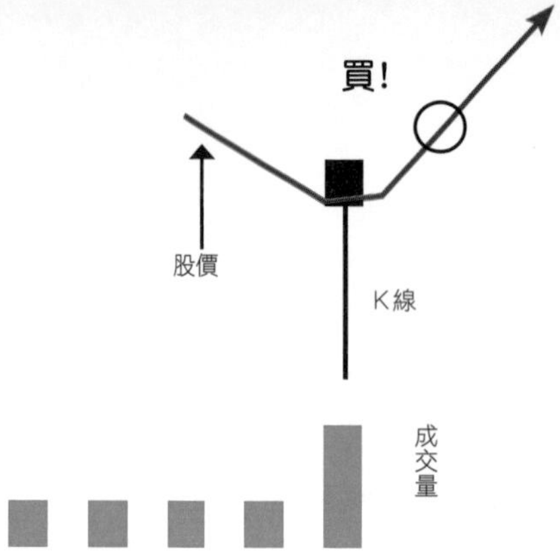

買進訊號 12

持續下跌中，大成交量+下影線，買！

股價跌到底將會反彈是股價的習慣之一。當股價圖出現帶著長下影線的K棒時顯示出「暴跌→急速反彈」的變動。所以，如果持續下跌後出現下影線可以看作是進入反轉的信號，此時，如果還伴隨著成交量激增，那麼作為反轉信號更為可靠。伴隨著成交量激增出現的下影線，意味著「拋售蜂擁而來，但能量被吸收，開始出現買進能量」。

從以上內容可以得知，「持續下跌後，伴隨著成交量激增出現了下影線」的形狀可以看作是買進信號。確認了買進信號的第二天，可以買進。

停利點，可以先定在前一波的高價處。

停損點則在向下跌破下影線的最低點。

除了以上這個模式，相似的模式還包括，將下影線由「大陰線和大陽線並排的形狀」代替。

總之，「暴跌→急速反彈」的形狀是這類模式的特色。

* 持續下跌中，大成交量+下影線 範例

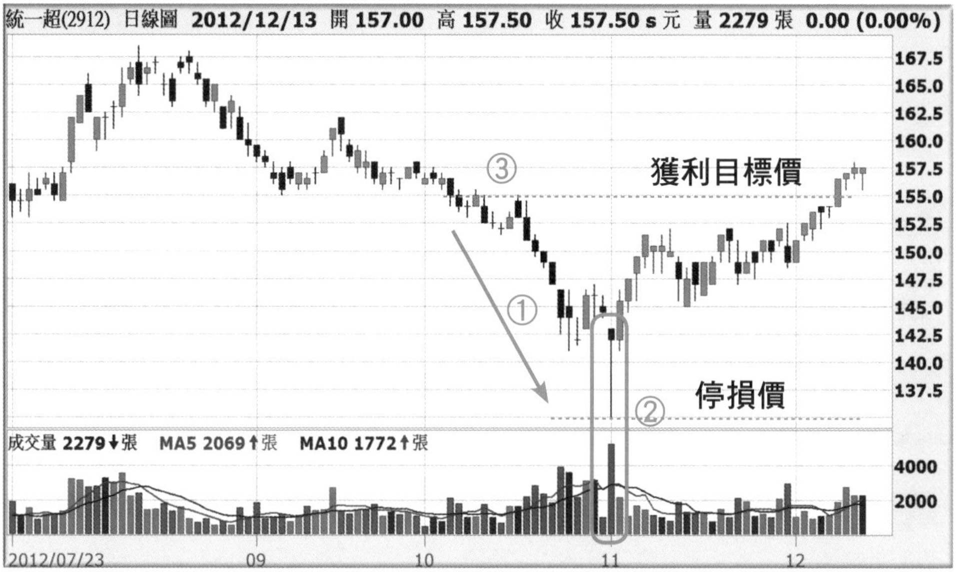

①在一段不短的下跌時期之後，出現了很長的下影線(最好是實體的2倍以上)，並且有很大的量。

②次根K線買進後，停損價設在前一根下影線的最低價。若行情未能如預期上漲，低於停損價說明誤判形態，應立刻出場。

③獲利點是長下影線出現前的前一波最高價。若順利上漲到目標價可以先獲利了結，出場後若走勢良好可以再次進場。

＊ 持續下跌中，大成交量+下影線 範例

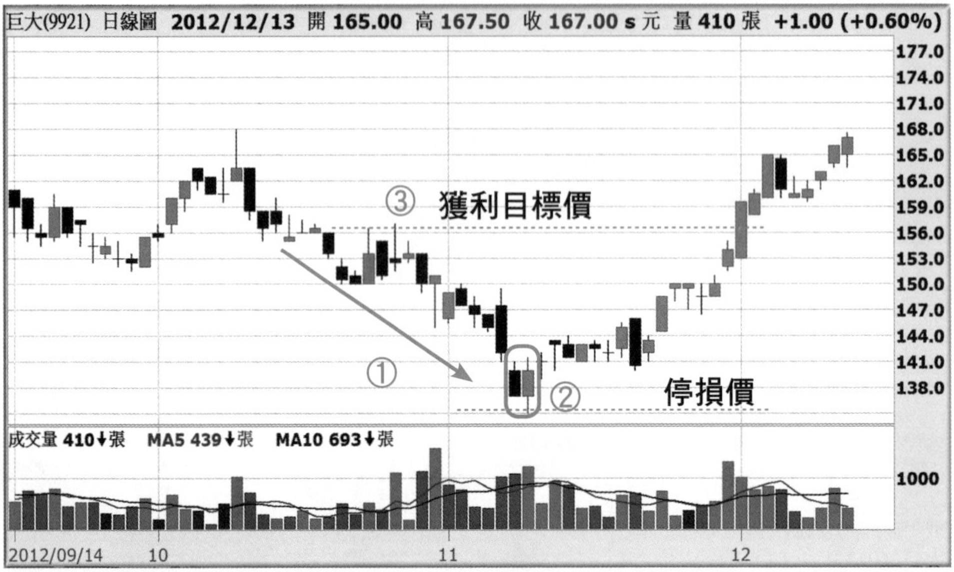

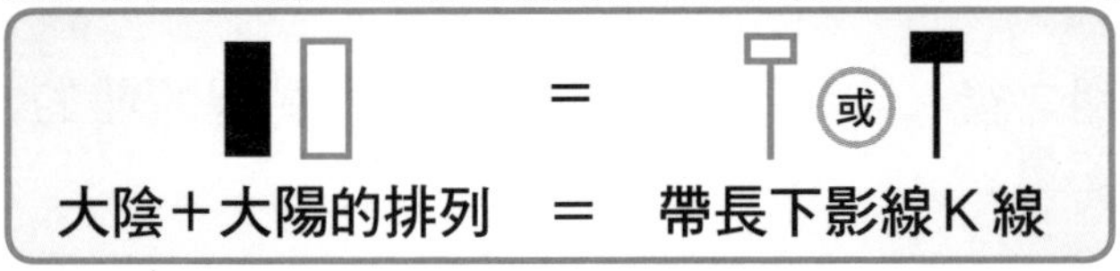

①在一段不短的下跌時期之後。出現了大陰線加大陽線並排的圖形。

②次根K線買進後，停損價設在前一波段的最低價。若行情未能如預期上漲，低於停損價說明誤判形態，應立刻出場。

③獲利目標是上漲圖形出現前的前一波最高價。若順利上漲到目標價可以先獲利了結，出場後若走勢良好可以再次進場。

＊ 持續下跌中，大成交量+下影線 範例

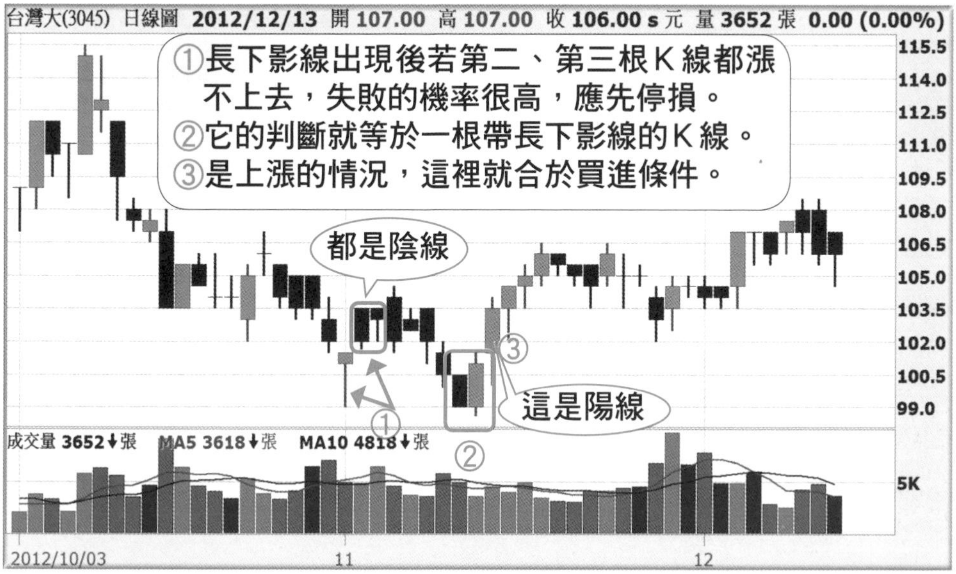
台灣大(3045) 日線圖 2012/12/13 開 107.00 高 107.00 收 106.00 s 元 量 3652 張 0.00 (0.00%)
①長下影線出現後若第二、第三根K線都漲不上去，失敗的機率很高，應先停損。
②它的判斷就等於一根帶長下影線的K線。
③是上漲的情況，這裡就合於買進條件。
都是陰線
這是陽線
成交量 3652↓張 MA5 3618↓張 MA10 4818↓張
2012/10/03
11
12

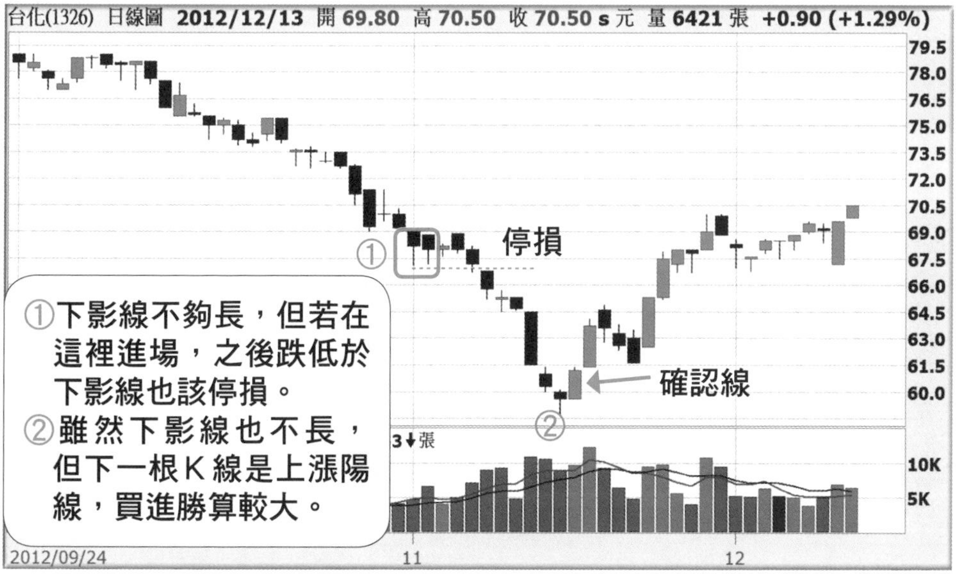
台化(1326) 日線圖 2012/12/13 開 69.80 高 70.50 收 70.50 s 元 量 6421 張 +0.90 (+1.29%)
停損
確認線
①下影線不夠長，但若在這裡進場，之後跌低於下影線也該停損。
②雖然下影線也不長，但下一根K線是上漲陽線，買進勝算較大。
2012/09/24
11
12

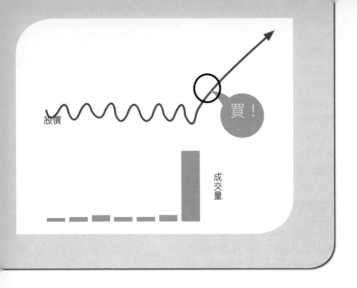

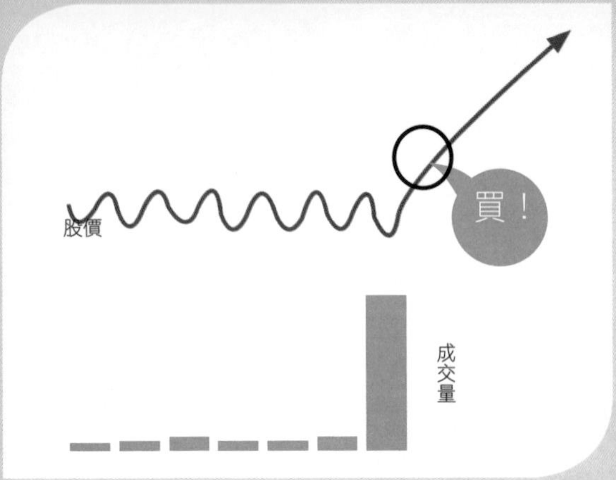

買進訊號 13

長期勢均力敵，突然帶量上漲，買！

「勢均力敵」是指股價上上下下浮動但總體持平的情況，次頁範例有長達7、8個月時間，行情在51到54元之間來來回回。

股價變動逐漸縮小的「勢均力敵」模型也是整理型態，包括原本股價上下的幅度很大，慢慢上下震盪幅度愈來愈小的三角整理型態。這種在一定範圍內整理的情況跟「勢均力敵」意思相同，交易模式也一樣。

發現這種型態後，購買股票的好時間是「突然上漲」也就是如果勢均力敵一段時間中突然帶量上漲時，就加入買方。

這種購買時機很容易辨別，股價超出往常的價位，量又比過去大，就可以進場買股票了。

＊ 長期勢均力敵，突然帶量上漲 範例

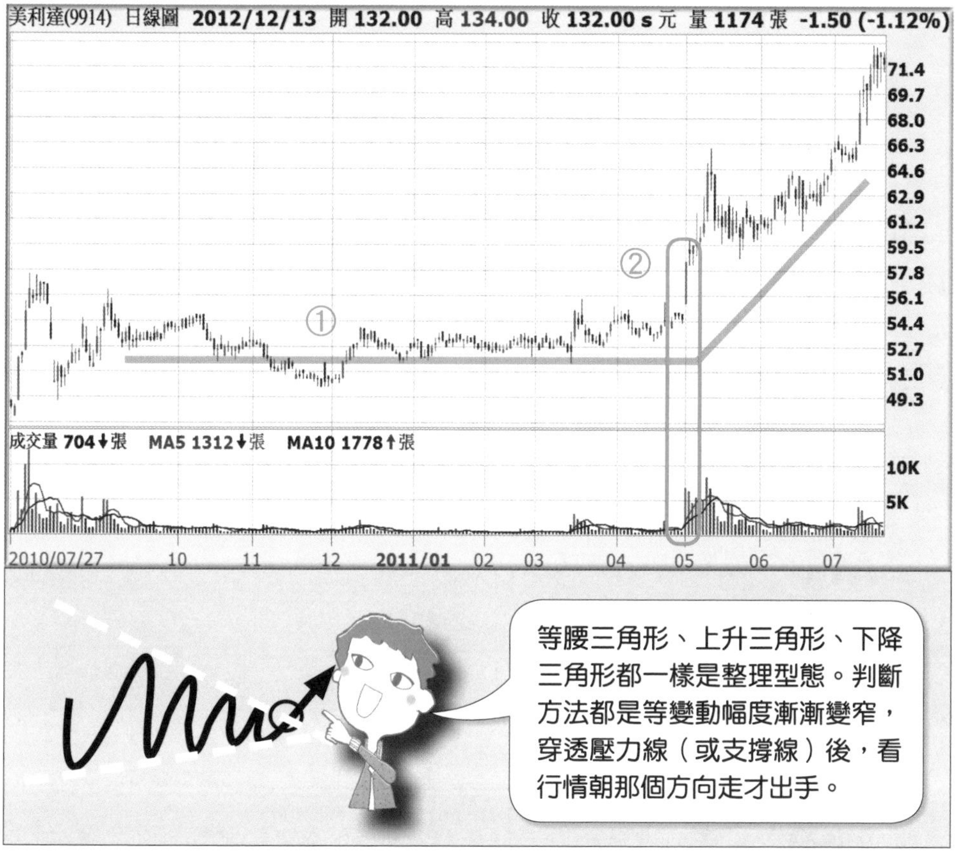

①是在一段長時間既沒量也沒價格波動的行情。

②出現價漲量增的訊號，後市可期。

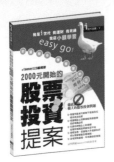

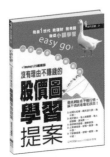

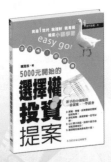

電話郵購任選二本，即享85折
買越多本折扣越多，歡迎洽詢

i世代投資④　　定價：249元

股市贏家精通的技術線學習提案

imoney123編輯部　編著

i世代投資⑤　　定價：249元

股市聰明獲利的買賣點學習提案

imoney123編輯部　編著

郵局劃撥：帳號/19329140 戶名/恆兆文化有限公司

ATM匯款：銀行/合作金庫(代碼006)/三興分行/1405-717-327091

貨到付款：請來電洽詢 TEL 02-27369882 FAX 02-27338407

中華民國
壹仟圓
臺灣銀行

04 章

STOCK

拆解6漲跌點細節 進出市場不失手

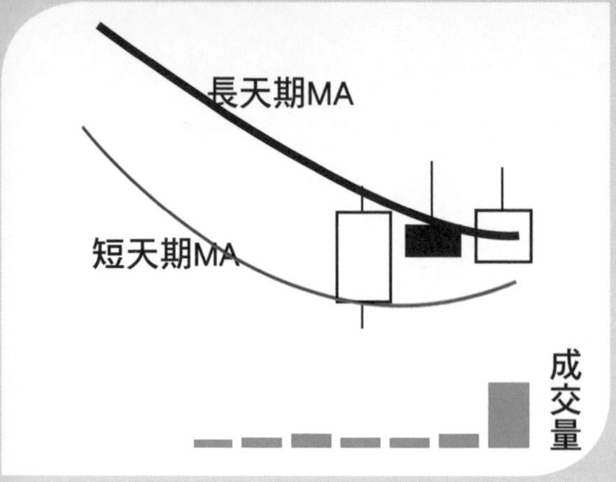

拆解起漲點細節 01

比黃金交叉早一步的看圖秘技

黃金交叉是尋找上漲股票的標誌。但是多數情況下，黃金交叉出現的時候股價已經超過低價開始上漲了，更慘的是，看黃金交叉買進時，行情卻從高點開始下跌。因此，如果能夠預測即將出現黃金交叉並在股票開始上漲之前買進，就能得到更大的利益。如果仔細觀察移動平均線和Ｋ線的變動情況，就能明白股價擺脫低價開始上漲的時機。而要比別的投資人早一步勢必要多冒風險，故務必設定停損點。

建議這種看圖法運用在週線上(均線設13週MA、26週MA)或在日線上(均線設20日MA、60日MA)，以下為觀察的圖解：

①兩條均線逐漸靠近。

②長天期ＭＡ是上升基調或至少是持平的。

③短天期ＭＡ是上升基調。

④收盤在長天期之上。

⑤成交量放大。

⑥次個交易日以開盤價買進。

⑦以前一波的最低價為停損點。

* 比黃金交叉早一步的看圖秘技 拆解

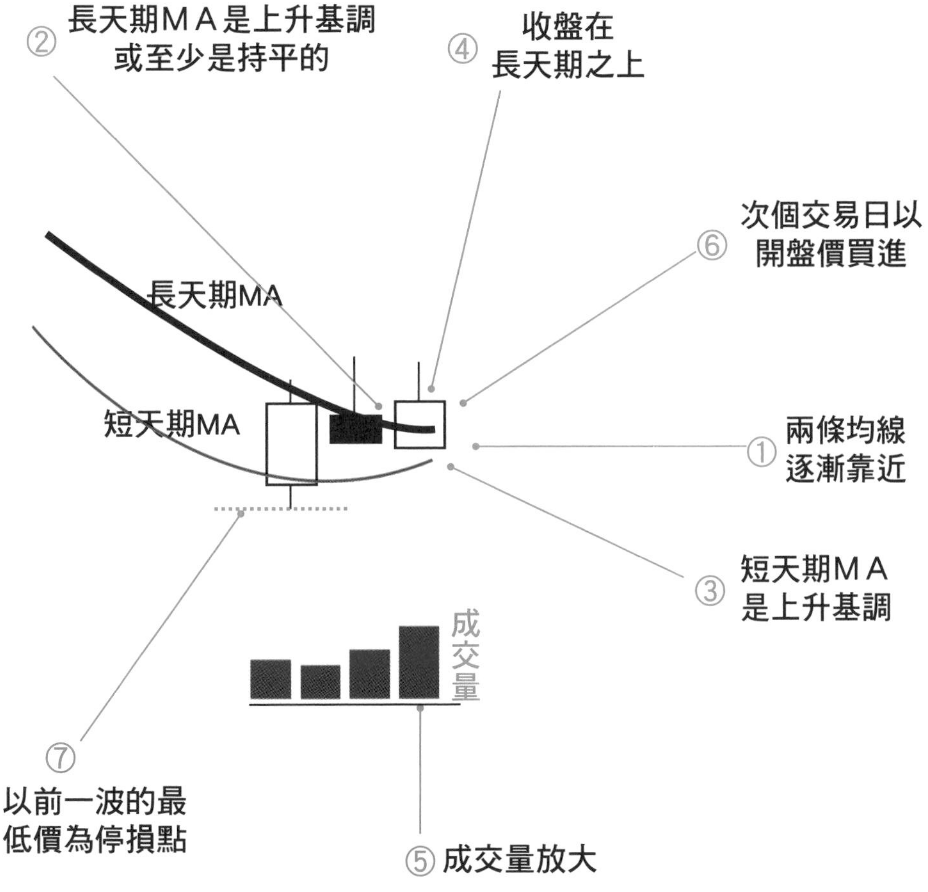
②長天期ＭＡ是上升基調
或至少是持平的
④收盤在
長天期之上
⑥次個交易日以
開盤價買進
長天期MA
短天期MA
①兩條均線
逐漸靠近
③短天期ＭＡ
是上升基調
成交量
⑦以前一波的最
低價為停損點
⑤成交量放大

＊ 比黃金交叉早一步的看圖秘技 範例一

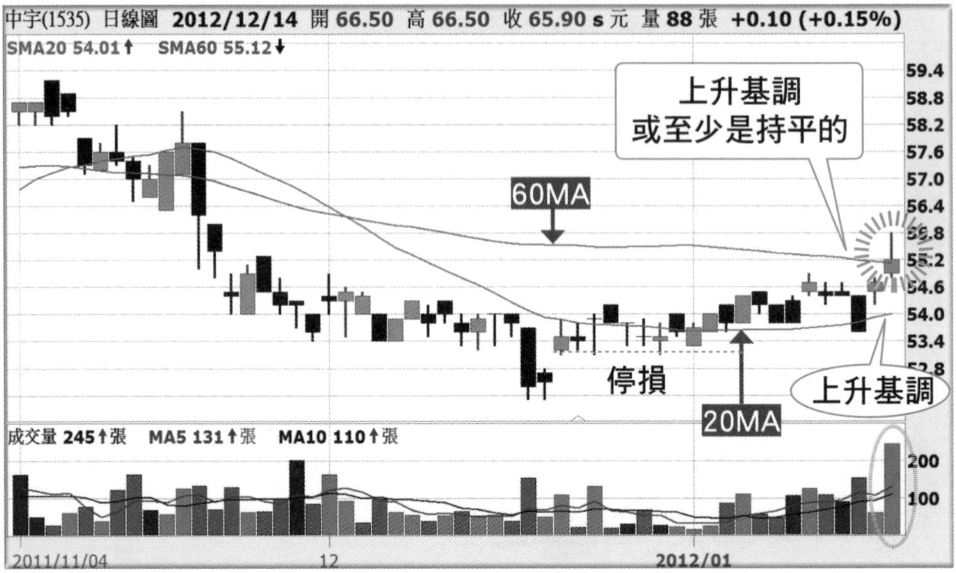
中宇(1535) 日線圖 2012/12/14 開 66.50 高 66.50 收 65.90 s 元 量 88 張 +0.10 (+0.15%)
SMA20 54.01 SMA60 55.12
上升基調
或至少是持平的
60MA
停損
20MA
上升基調
成交量 245 張 MA5 131 張 MA10 110 張
2011/11/04
12
2012/01

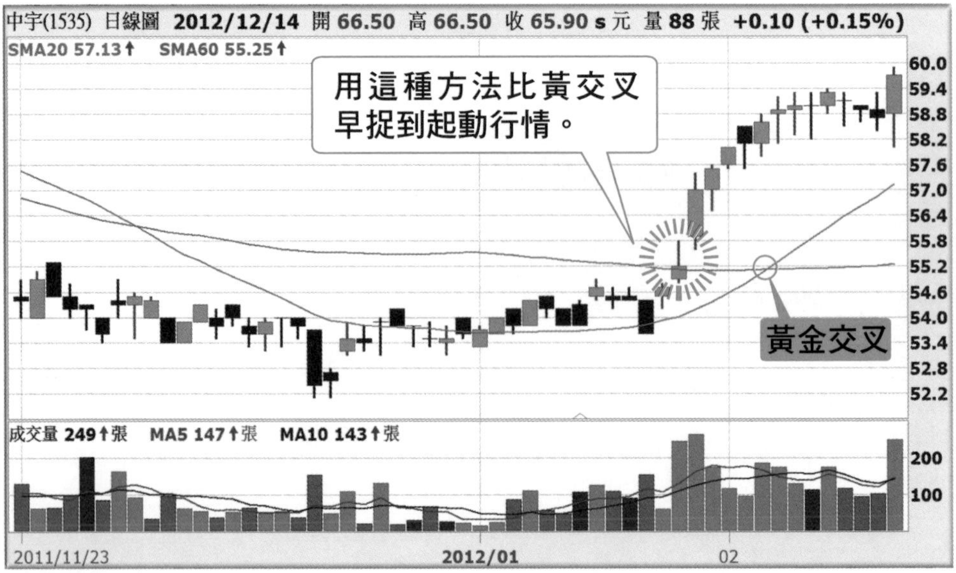
中宇(1535) 日線圖 2012/12/14 開 66.50 高 66.50 收 65.90 s 元 量 88 張 +0.10 (+0.15%)
SMA20 57.13 SMA60 55.25
用這種方法比黃交叉
早捉到起動行情。
黃金交叉
成交量 249 張 MA5 147 張 MA10 143 張
2011/11/23
2012/01
02

＊ 比黃金交叉早一步的看圖秘技 範例二

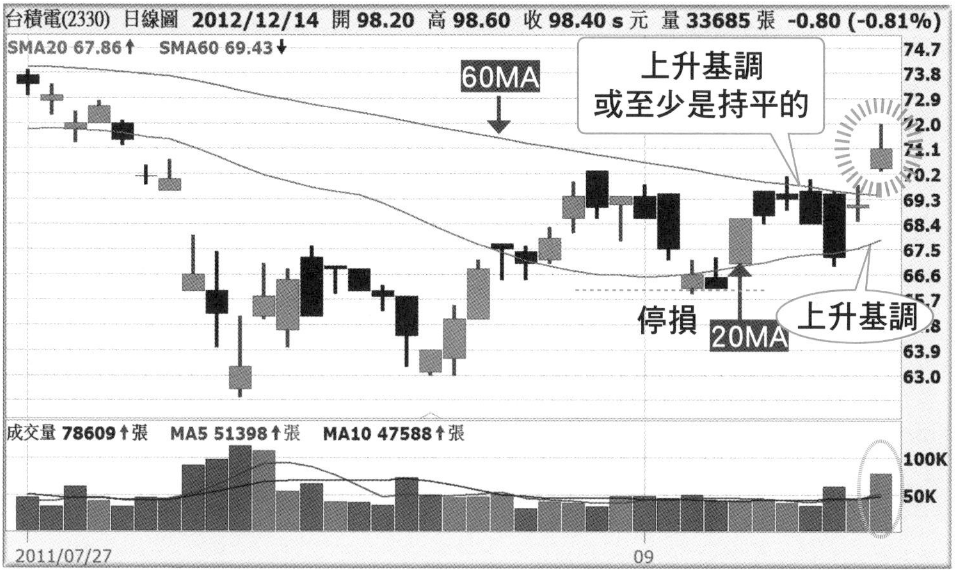

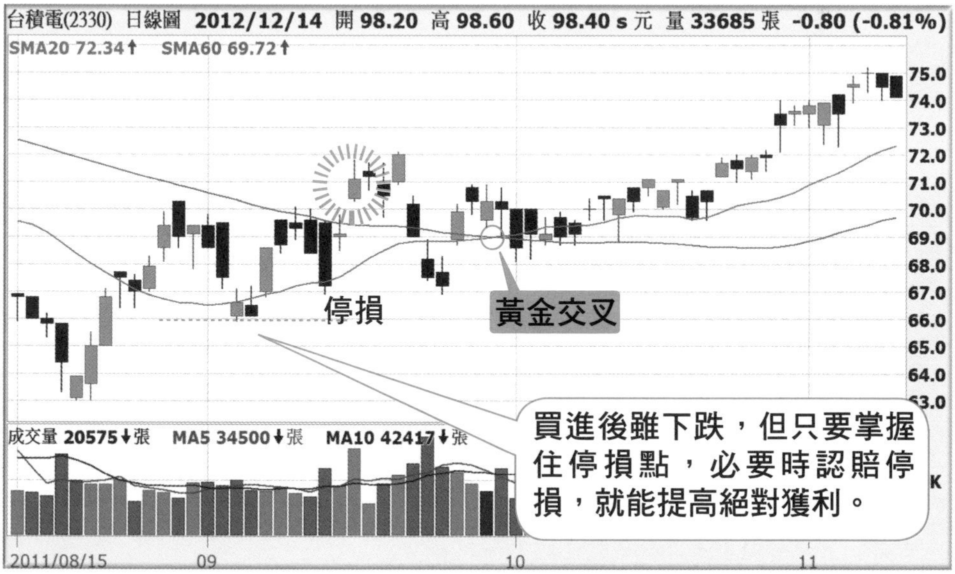

* 比黃金交叉早一步的看圖秘技 範例三

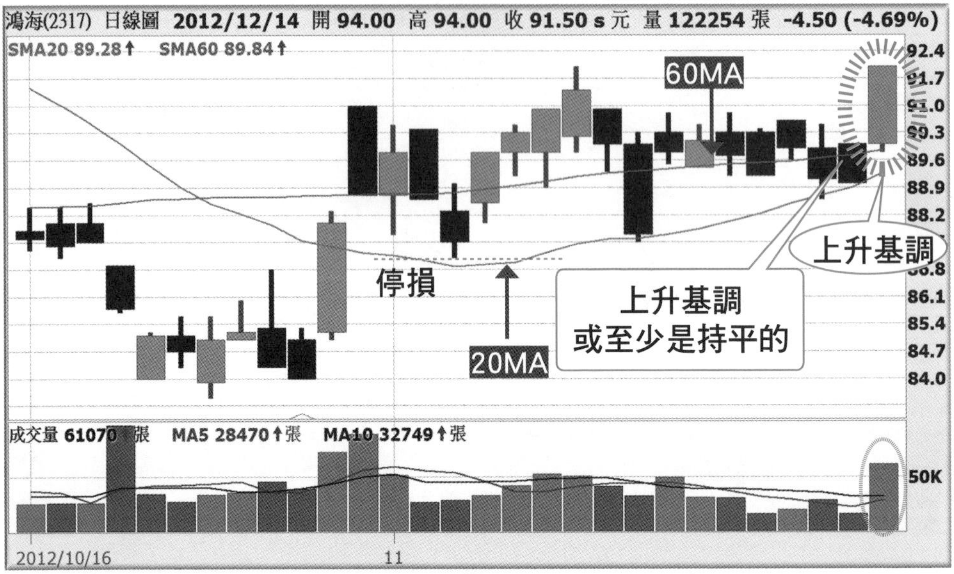

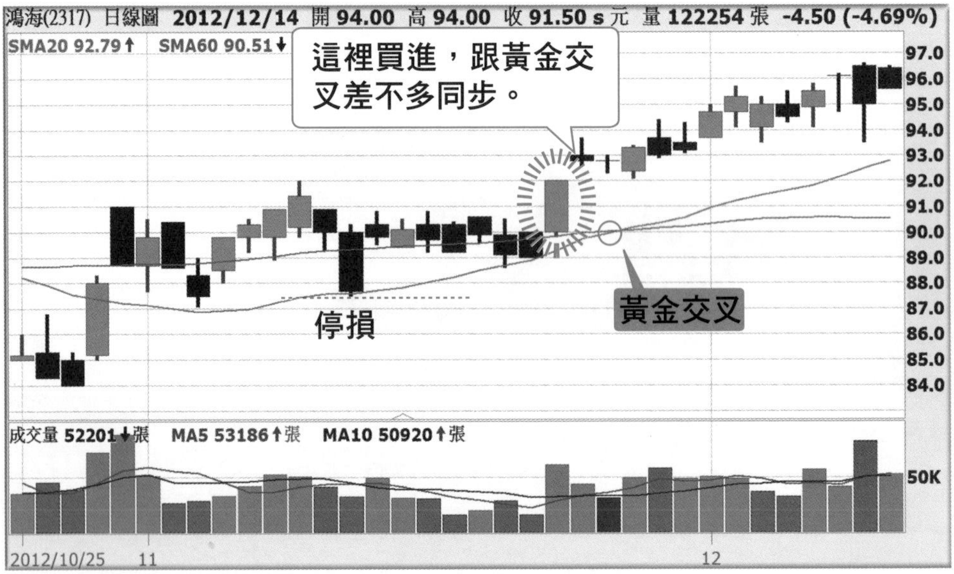

＊ 比黃金交叉早一步的看圖秘技 範例四

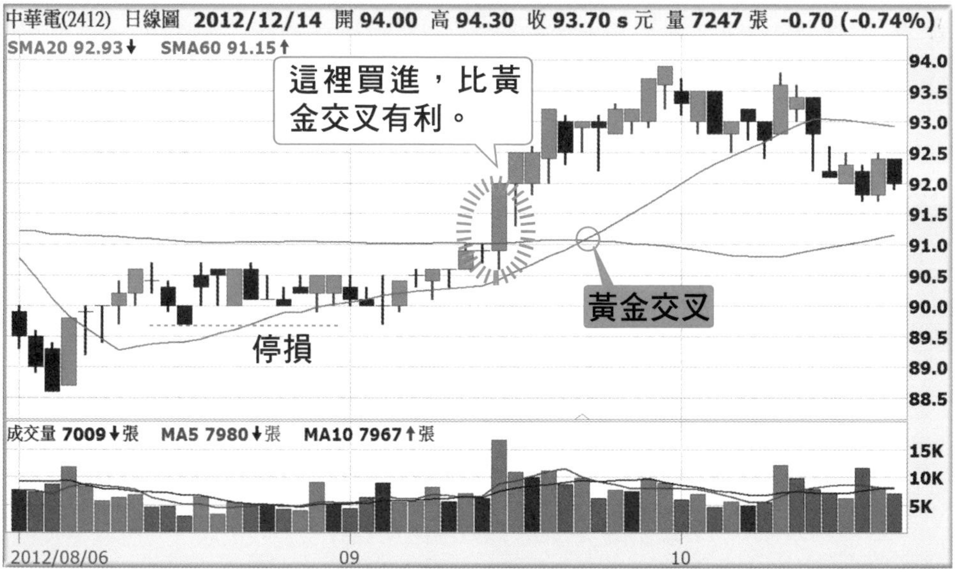

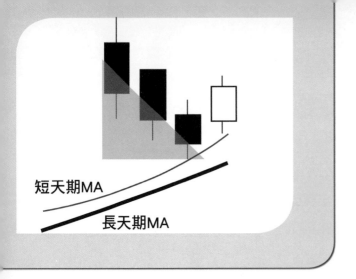

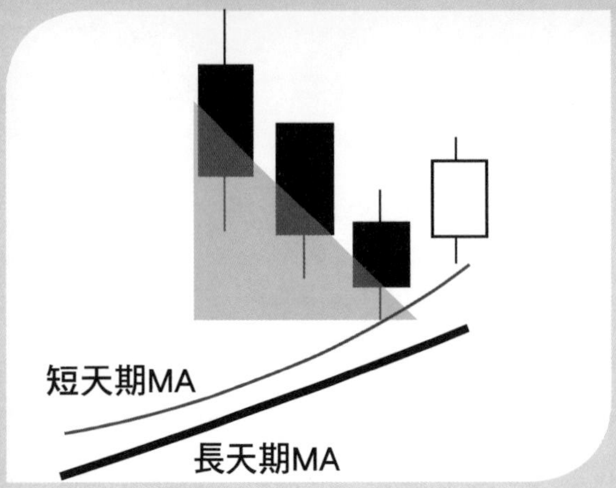

拆解起漲點細節 02

均線之上，三角支架買進法

股價在上漲趨勢下，出現下跌為「三角支架」形狀時，之後若行情能漲超過直角三角形的底部時，可判斷股價有更進一步上漲的可能性，可以買進，但要注意這種方法為「短線逆勢交易」，所以，不宜期待長期持有。進場前應先注意移動平均線－－必需處於多頭排列。但也可能沒有按照以上所講的上漲反而進一步下跌，因此也要設停損點。

建議這種看圖法運用在週線上(均線設13週MA、26週MA)，以下為觀察的圖解：

①長、短天期均線(週線可捉13週與26週)是多頭排列，也就是由上而下排列的方式分別是股價、短天期MA、長天期MA。

②行情在短天期均線上出現「三角支架」的形狀。

③三角形的底邊(以收盤價為準)必須還在短天期MA之上。

④行情開盤高過三角支架的底邊就是買點。

⑤宜短線操作，建議以短天期MA為停損點。

* 均線之上，三角支架買進法 拆解

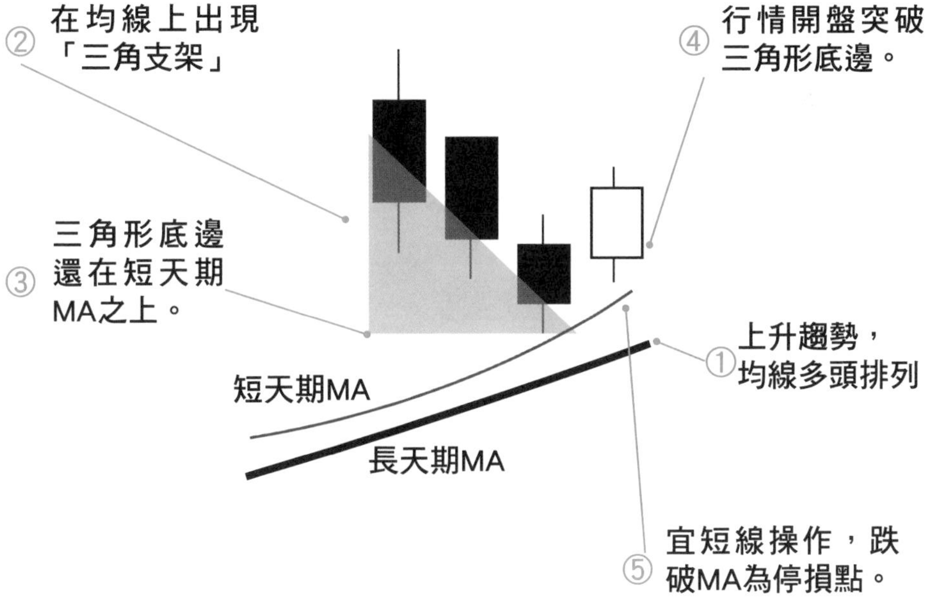

② 在均線上出現
「三角支架」
④ 行情開盤突破
三角形底邊。
③ 三角形底邊
還在短天期
MA之上。
① 上升趨勢，
均線多頭排列
短天期MA
長天期MA
⑤ 宜短線操作，跌
破MA為停損點。

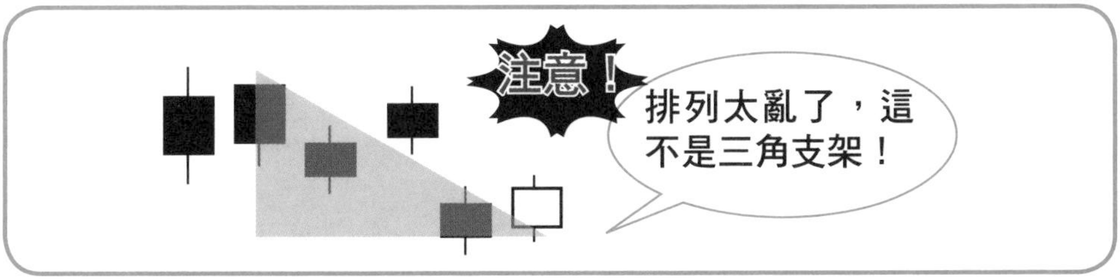

注意！
排列太亂了，這
不是三角支架！

＊ 均線之上，三角支架買進法 周線範例一

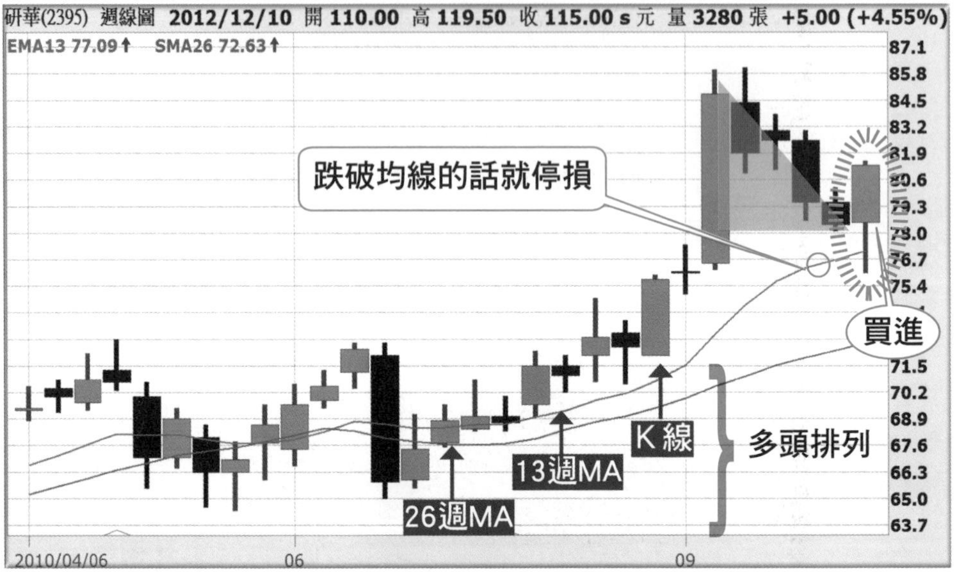
研華(2395) 週線圖 2012/12/10 開 110.00 高 119.50 收 115.00 s 元 量 3280 張 +5.00 (+4.55%)
EMA13 77.09↑ SMA26 72.63↑
跌破均線的話就停損
買進
K線
13週MA
26週MA
多頭排列
2010/04/06
06
09

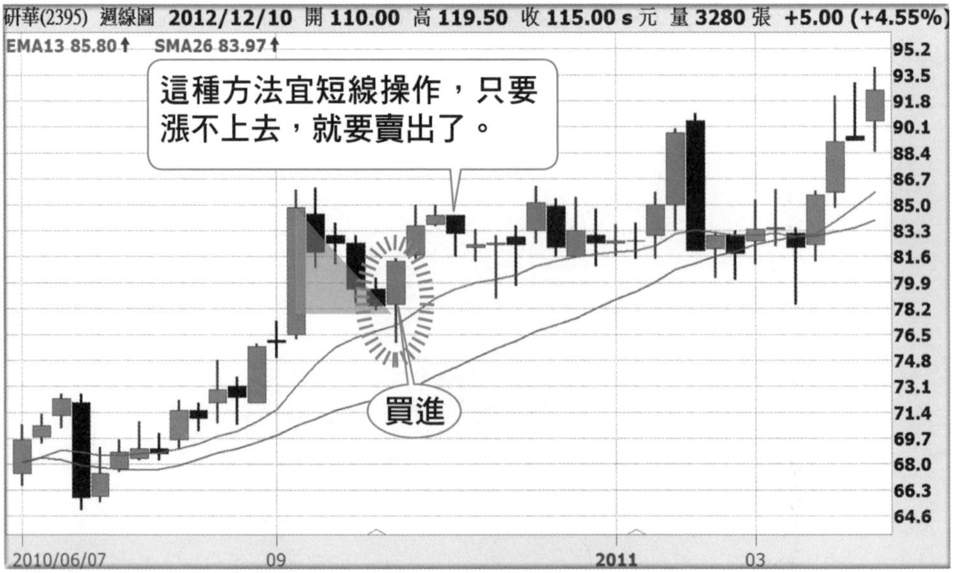
研華(2395) 週線圖 2012/12/10 開 110.00 高 119.50 收 115.00 s 元 量 3280 張 +5.00 (+4.55%)
EMA13 85.80↑ SMA26 83.97↑
這種方法宜短線操作，只要漲不上去，就要賣出了。
買進
2010/06/07
09
2011
03

＊ 均線之上，三角支架買進法 周線範例二

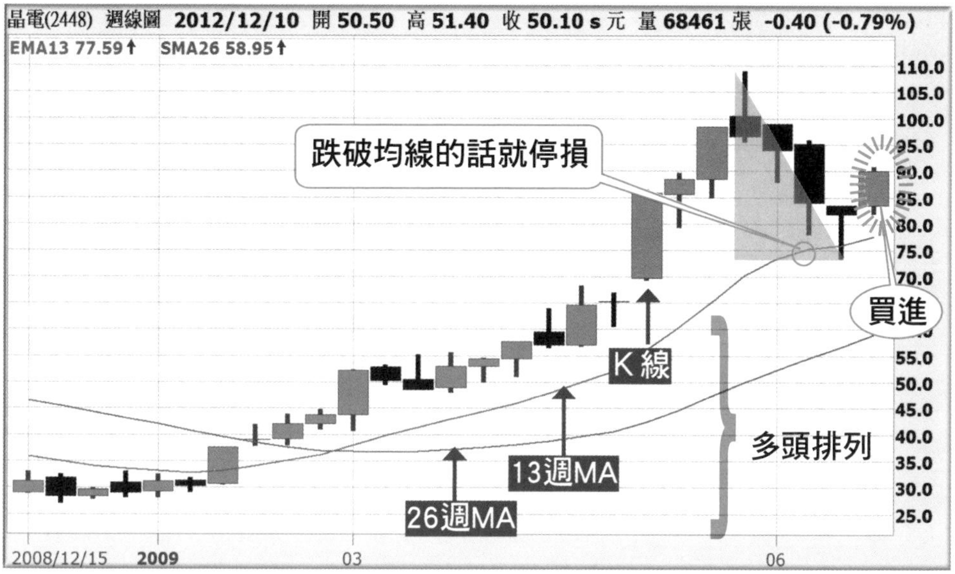
晶電(2448) 週線圖 2012/12/10 開 50.50 高 51.40 收 50.10 s 元 量 68461 張 -0.40 (-0.79%)
EMA13 77.59 SMA26 58.95
跌破均線的話就停損
買進
K線
13週MA
26週MA
多頭排列
2008/12/15
2009
03
06

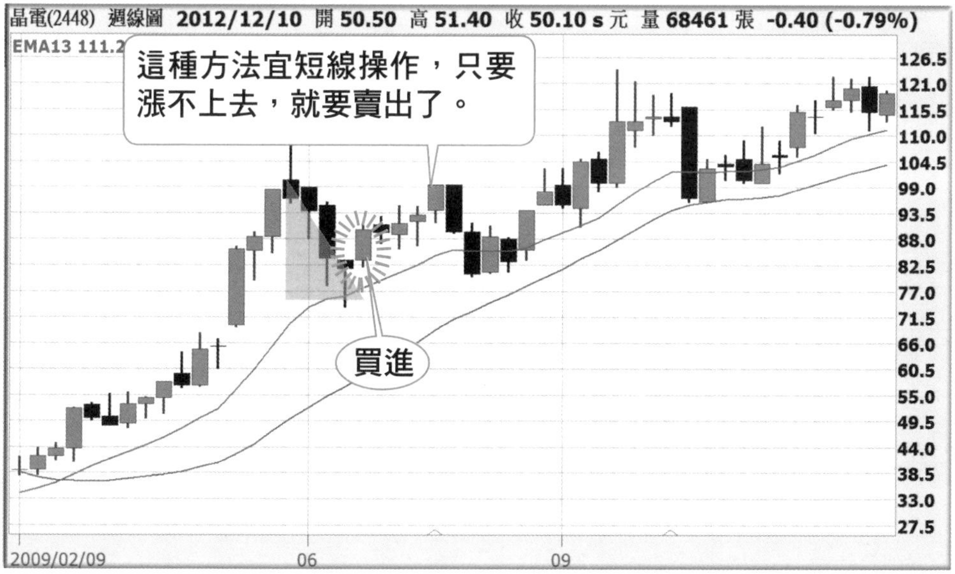
晶電(2448) 週線圖 2012/12/10 開 50.50 高 51.40 收 50.10 s 元 量 68461 張 -0.40 (-0.79%)
這種方法宜短線操作，只要漲不上去，就要賣出了。
買進
2009/02/09
06
09

＊ 均線之上，三角支架買進法　週線範例三

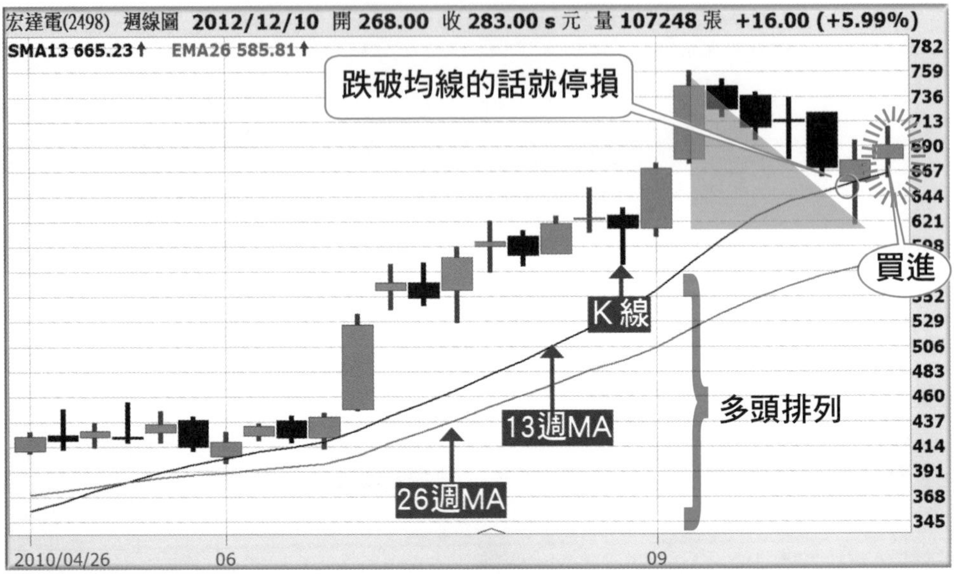
宏達電(2498) 週線圖 2012/12/10 開 268.00 收 283.00 s 元 量 107248 張 +16.00 (+5.99%)
SMA13 665.23↑ EMA26 585.81↑
跌破均線的話就停損
買進
K線
13週MA
26週MA
多頭排列
2010/04/26
06
09

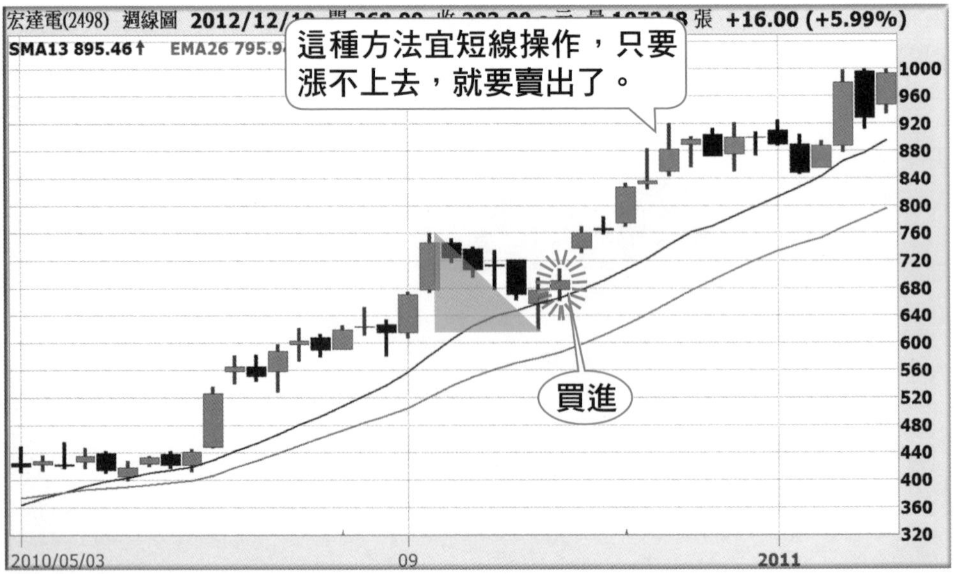
宏達電(2498) 週線圖
+16.00 (+5.99%)
SMA13 895.46↑
這種方法宜短線操作，只要
漲不上去，就要賣出了。
買進
2010/05/03
09
2011

＊ 均線之上，三角支架買進法 週線範例四

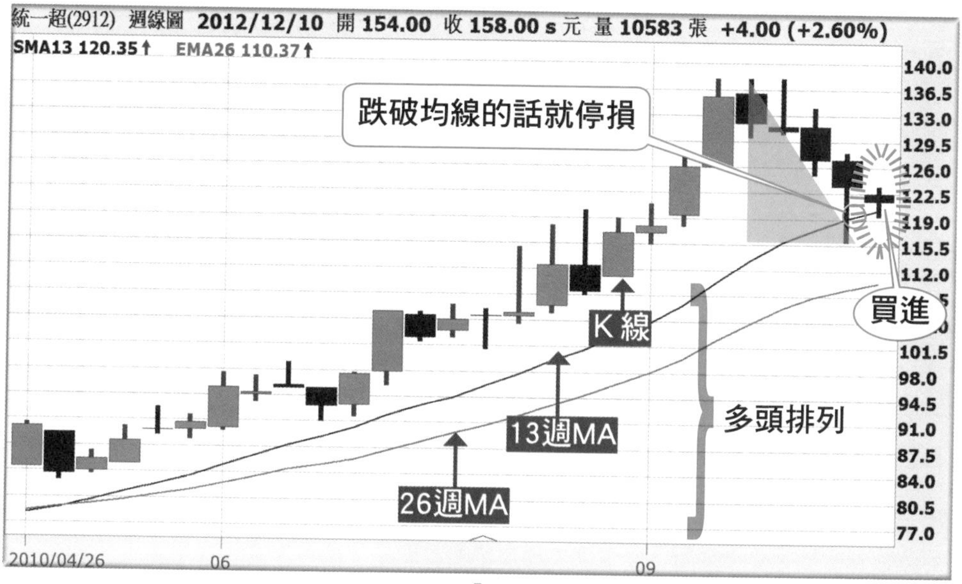

統一超(2912) 週線圖 2012/12/10 開 154.00 收 158.00 s 元 量 10583 張 +4.00 (+2.60%)
SMA13 120.35↑ EMA26 110.37↑
跌破均線的話就停損
K線
13週MA
26週MA
多頭排列
買進
2010/04/26
06
09

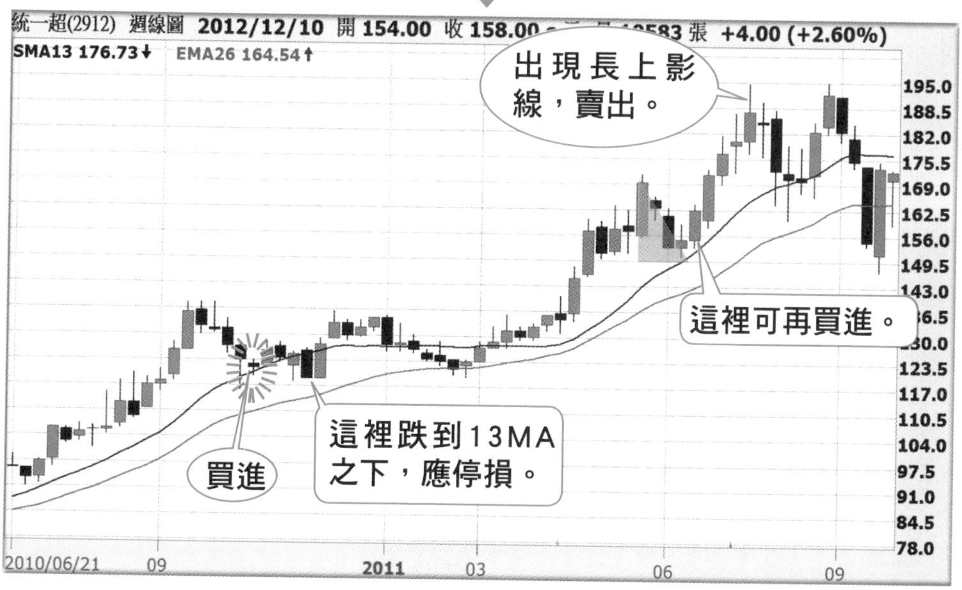

統一超(2912) 週線圖 2012/12/10 開 154.00 收 158.00
SMA13 176.73↓ EMA26 164.54↑
出現長上影線，賣出。
這裡可再買進。
買進
這裡跌到13MA之下，應停損。
2010/06/21
09
2011
03
06
09

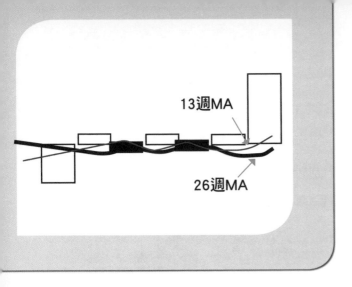

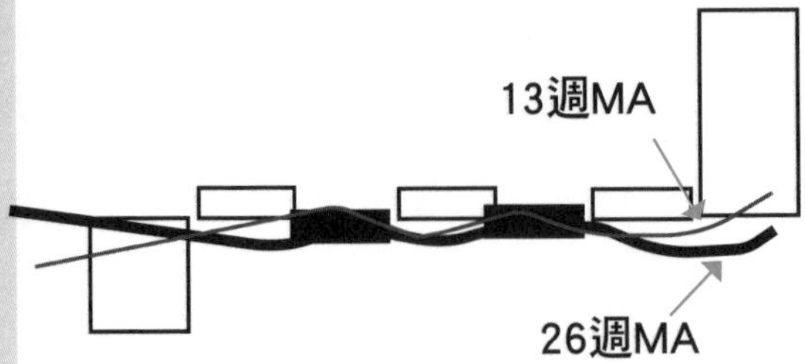

拆解起漲點細節 03

突破均線糾結後，均線多頭排列買進法

股價的上漲方式有很多種類型，其中有一種是階段性的上漲類型。從圖形上來看，這種股票會先出現一段時間盤整、突破盤整高價後，先上漲一小段再出現一段漲不上去也跌不下來的僵局，這一僵局階段通常呈現人氣不旺的狀態，所以成交量也不是很大。但是，換一種看法的話，也可以認為這種不上不下的僵局是為下次上漲積蓄能量。因此，當個股受到某些題材刺激時（例如，財報好、高層交替、新產品推出等資訊）被重新關注時，又會變成有人氣的股票。

建議這種看圖法運用在週線上(均線設13週MA、26週MA)，以下為觀察的圖解：

①可捉13週移動平均線與26週移動平均線，必需2條移動平均線都處於上漲基調，之後出現超過僵局的階段性上漲可能性增加。

②出現一段價格水平推擠，均線也糾結的盤整的行情。

③週五(以週線為例)收盤價超過僵局圈，機會來了。

④在下週開盤以市價買進。

⑤若跌出既有的推擠區，也必需停損。

＊ 突破均線糾結後，均線多頭排列買進法 拆解

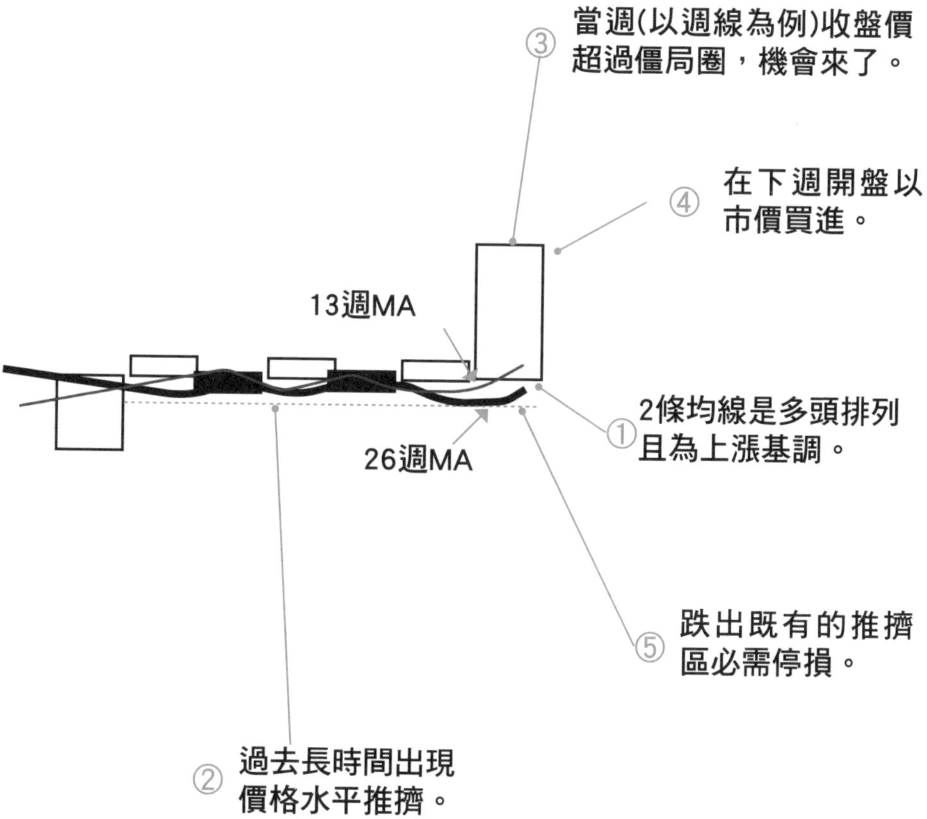

③ 當週(以週線為例)收盤價超過僵局圈，機會來了。
④ 在下週開盤以市價買進。
13週MA
26週MA
① 2條均線是多頭排列且為上漲基調。
⑤ 跌出既有的推擠區必需停損。
② 過去長時間出現價格水平推擠。

＊ 突破均線糾結後，均線出現多頭排列 週線範例一

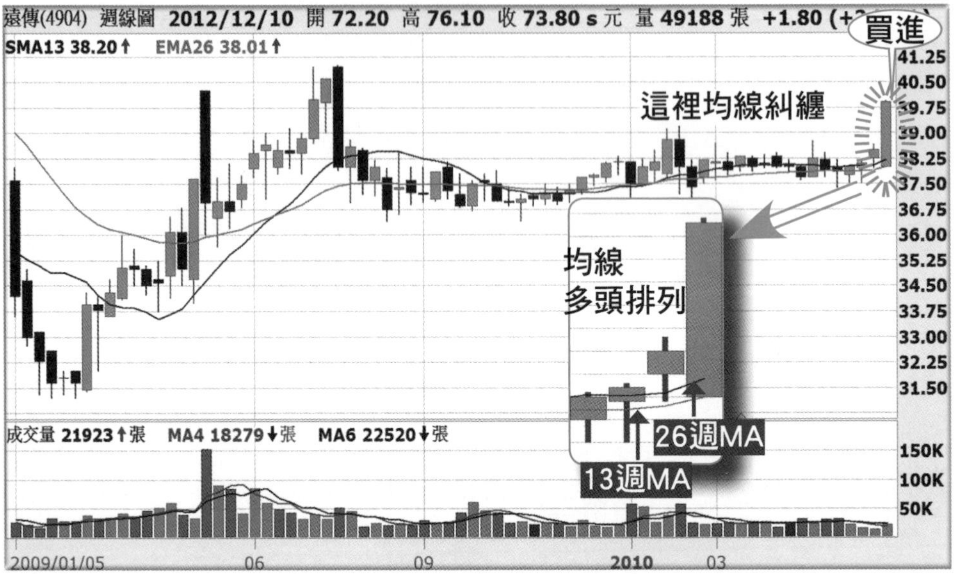

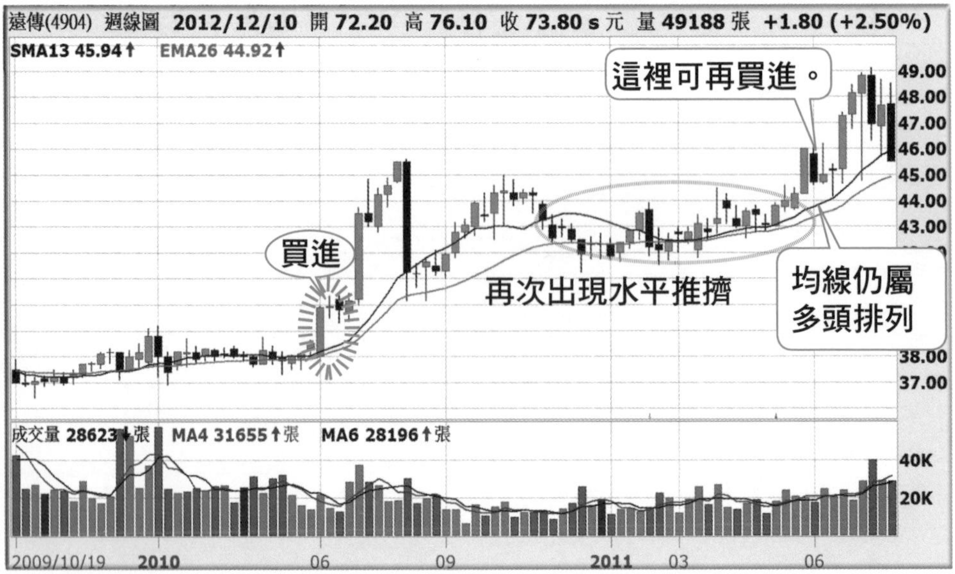

* 突破均線糾結後，均線出現多頭排列 週線範例二

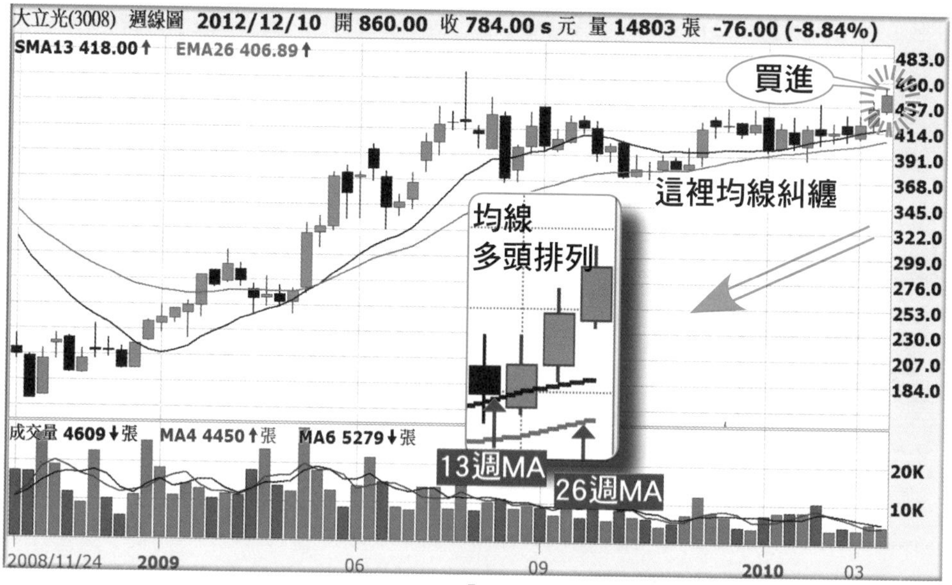

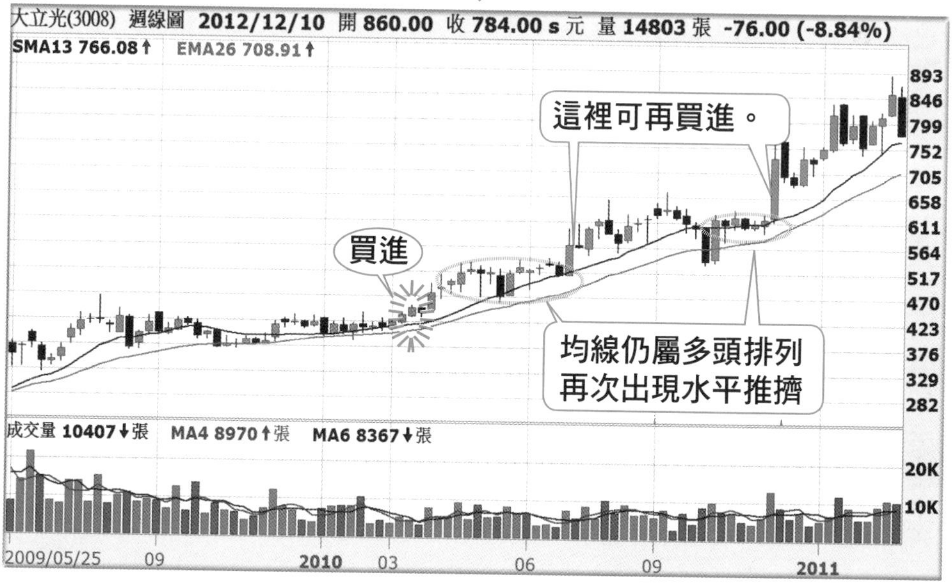

＊ 突破均線糾結後，均線出現多頭排列 週線範例三

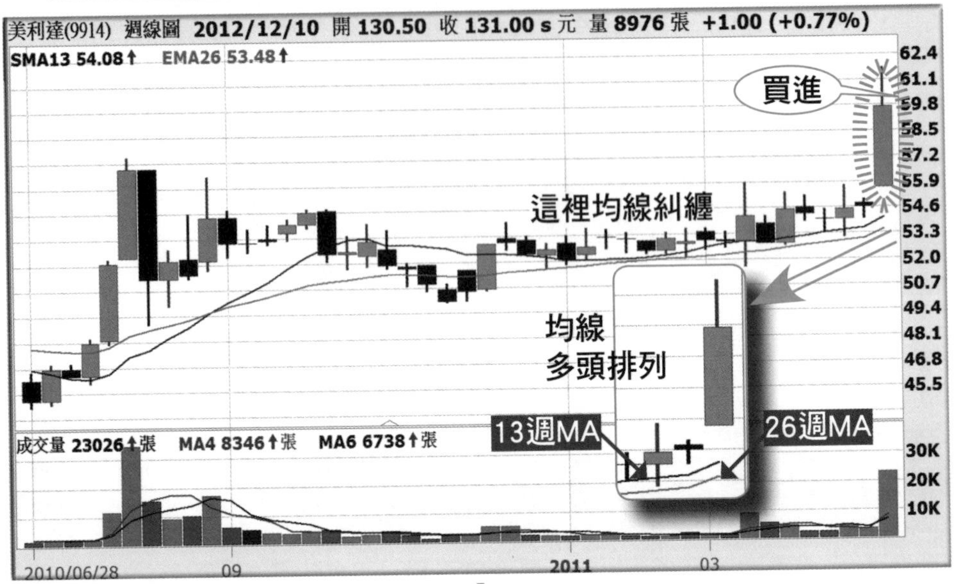
美利達(9914) 週線圖 2012/12/10 開 130.50 收 131.00 s 元 量 8976 張 +1.00 (+0.77%)
SMA13 54.08↑ EMA26 53.48↑
買進
這裡均線糾纏
均線
多頭排列
13週MA
26週MA
成交量 23026↑張 MA4 8346↑張 MA6 6738↑張
62.4
61.1
59.8
58.5
57.2
55.9
54.6
53.3
52.0
50.7
49.4
48.1
46.8
45.5
30K
20K
10K
2010/06/28
09
2011
03

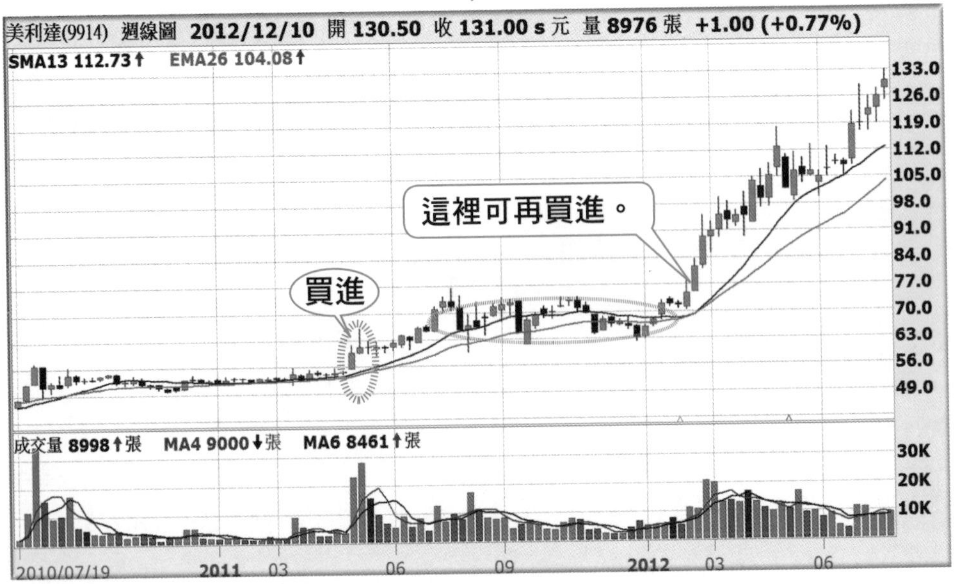
美利達(9914) 週線圖 2012/12/10 開 130.50 收 131.00 s 元 量 8976 張 +1.00 (+0.77%)
SMA13 112.73↑ EMA26 104.08↑
這裡可再買進。
買進
成交量 8998↑張 MA4 9000↓張 MA6 8461↑張
133.0
126.0
119.0
112.0
105.0
98.0
91.0
84.0
77.0
70.0
63.0
56.0
49.0
30K
20K
10K
2010/07/19
2011
03
06
09
2012
03
06

* 突破均線糾結後，均線出現多頭排列 週線範例四

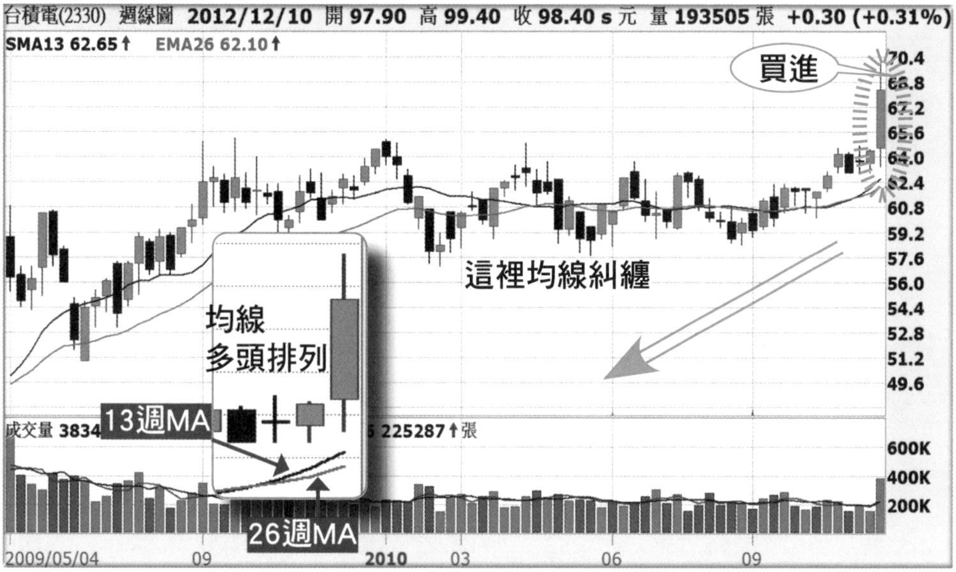

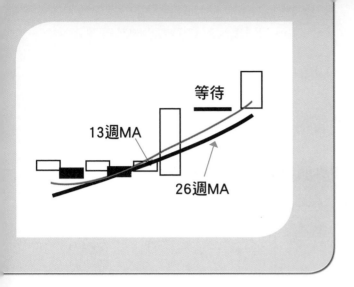

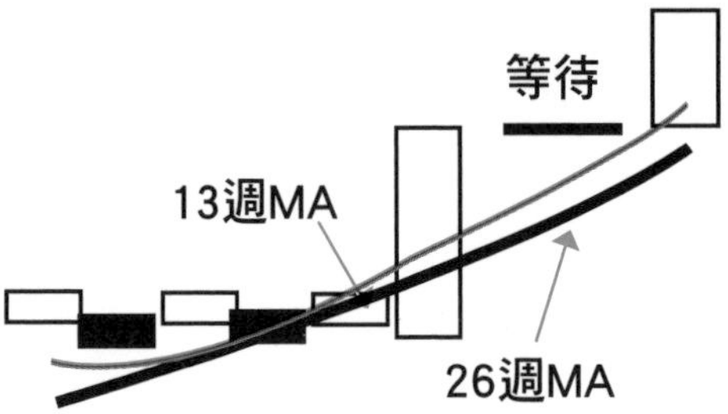

拆解起漲點細節 04

均線糾結後的大陽線，上漲訊號較可靠

出現暴漲的股票，不能見獵心喜慌張的買進。因為暴漲後的股票在第二週下跌的機率非常高。但若是暴漲的時間發生在均線糾結時，之後上漲的機會會比較高。相對於均線糾結的有另外兩種情況，一種是均線處於上升趨勢，這種情況出現暴漲，隔週可能因為漲勢過猛而出現賣壓；另一種是均線處於下降趨勢，這種情況出現暴漲，有可能只是行情一時的上漲，趨勢完全沒有被暴漲所影響，因此，一定不能只看到暴漲就立刻跟進。建議這種看圖法運用在週線上(均線設13週MA、26週MA)，以下為觀察的圖解：

①如果出現暴漲，不要馬上出手買進。先觀察均線的情況，若屬於均線糾結，可以放手一搏。

②如果出現暴漲，而均線屬於空頭排列，請等一週，若下一週的收盤仍上漲，可在下下一週試著買進。

②如果出現暴漲，而均線屬於多頭排列，請等一週，若下一週的收盤稍微下跌，可在下下一週試著買進，若在下一週是繼續暴漲，有可能連續漲得太厲害了，也不先進場。

＊ 出現大陽線，不可立刻買進，應先看之前的均線 拆解

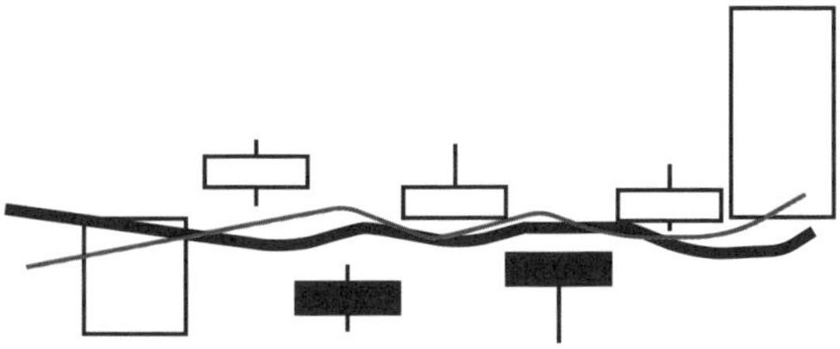

①均線糾結，可在下一根K線買進。

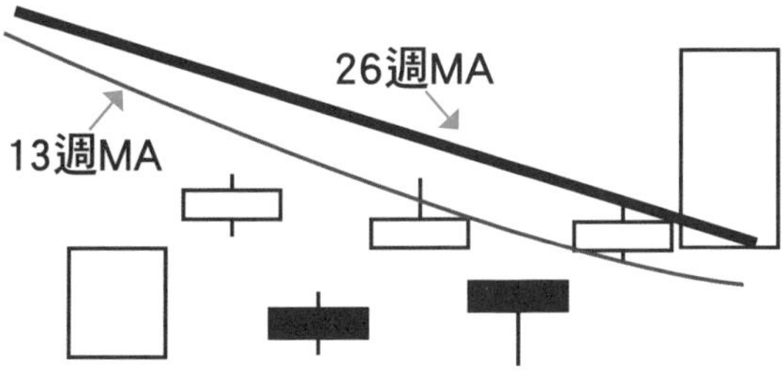

②均線沒糾結，只出現大陽線不一定是買進訊號。

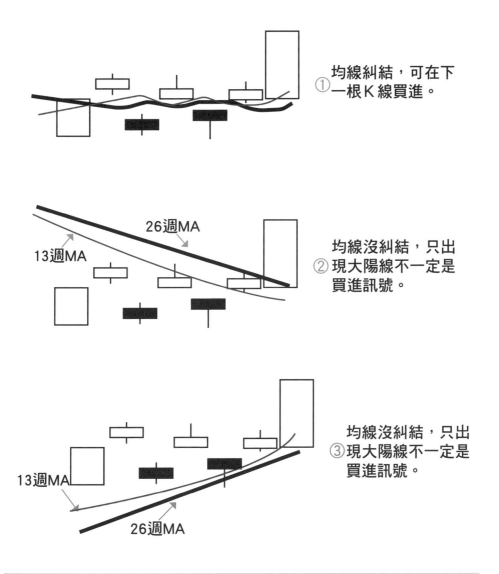

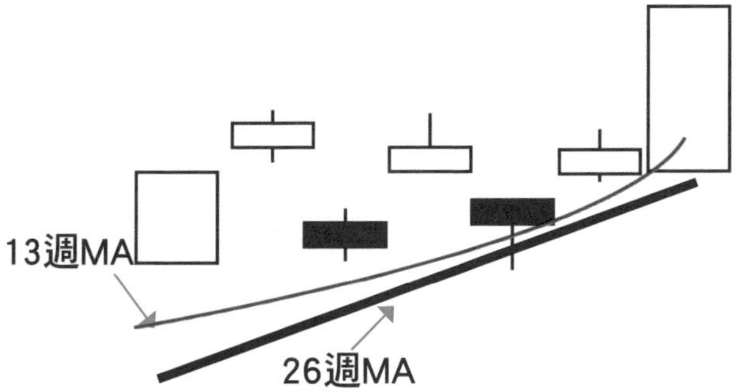

③均線沒糾結，只出現大陽線不一定是買進訊號。

＊ 不是均線(13MA與26MA)糾結後的大陽線，買進失敗率高 範例一

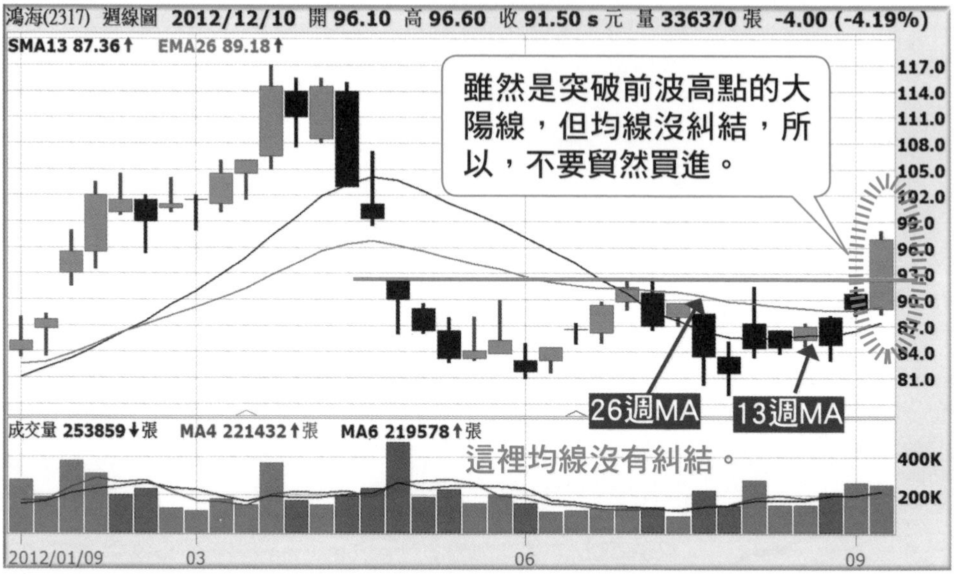

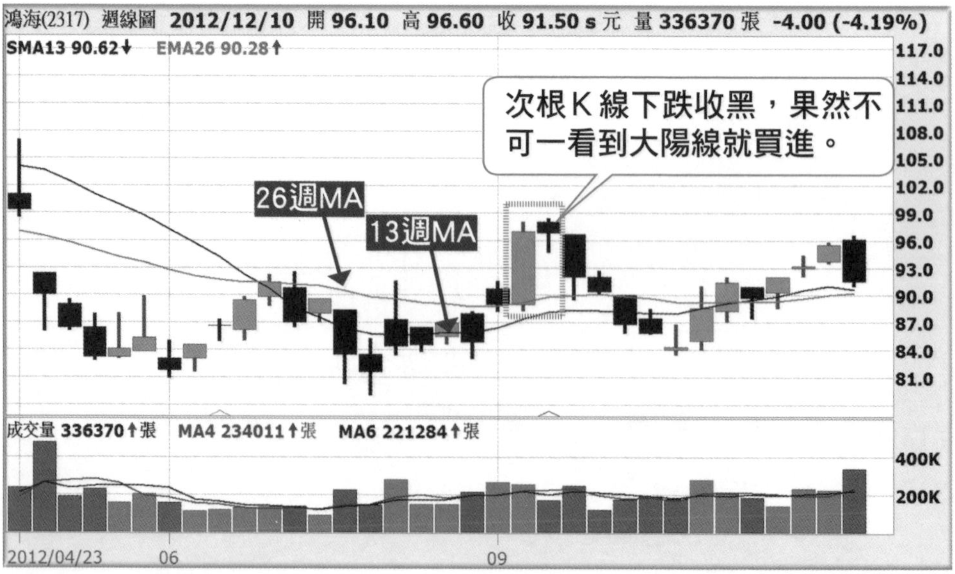

＊ 不是均線(13MA與26MA)糾結後的大陽線，買進失敗率高 範例二

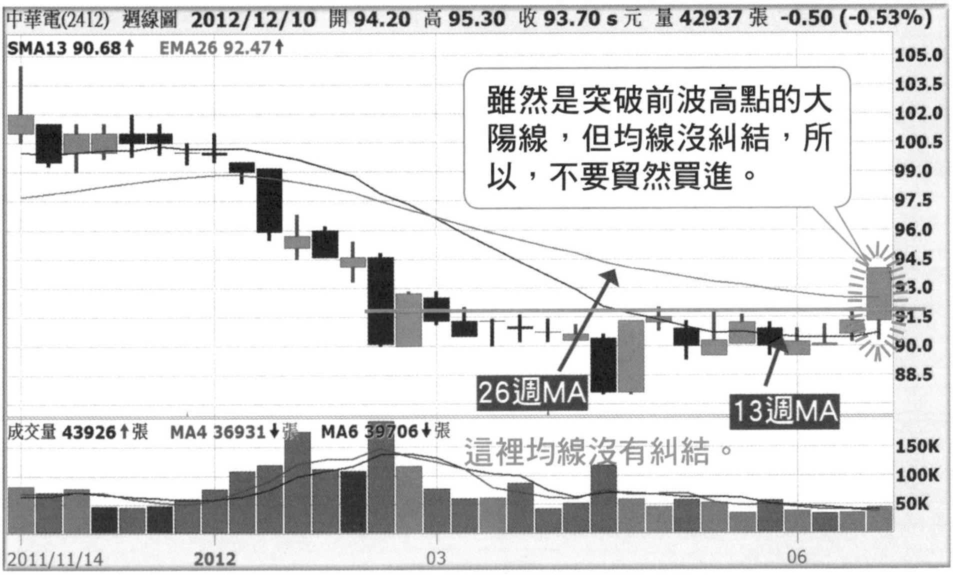

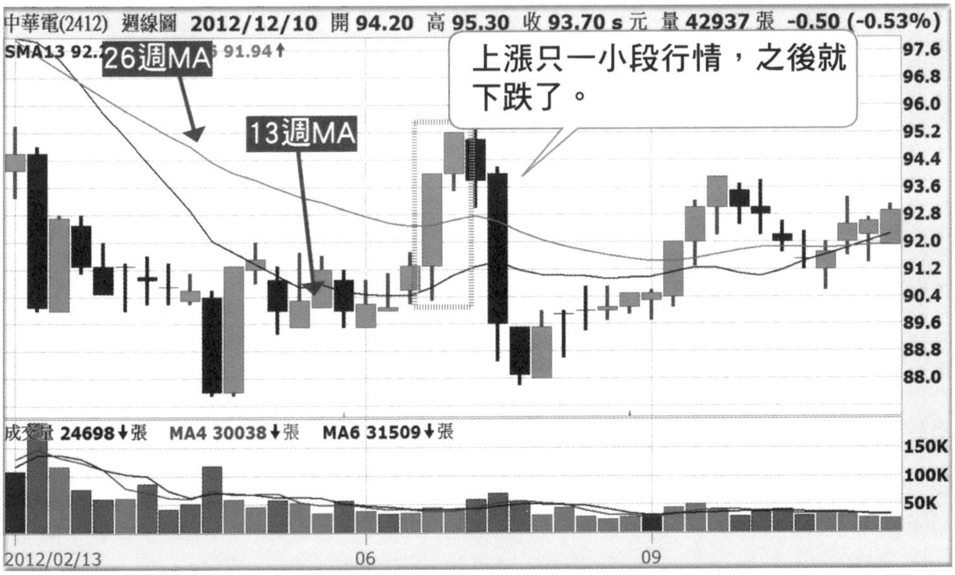

＊ 不是均線(13MA與26MA)糾結後的大陽線，買進失敗率高 範例三

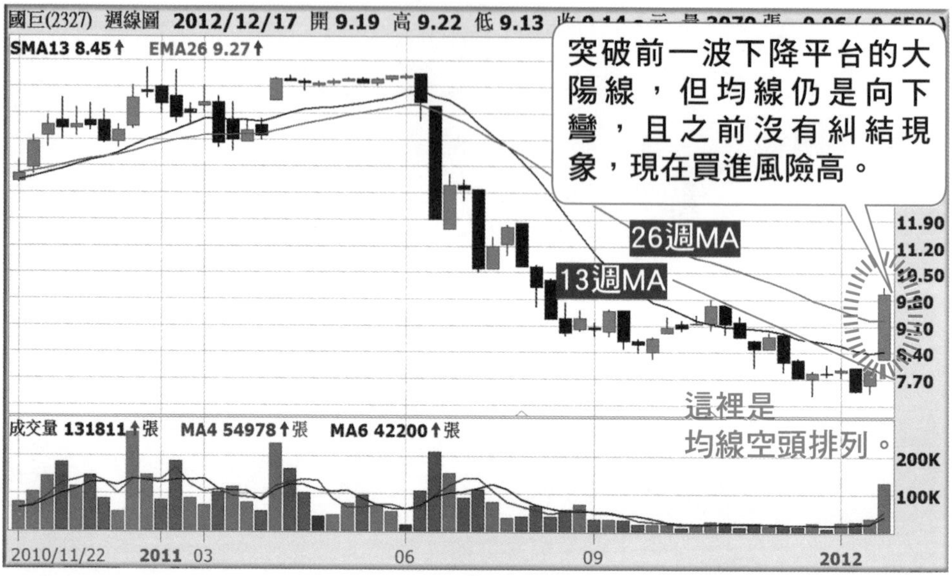

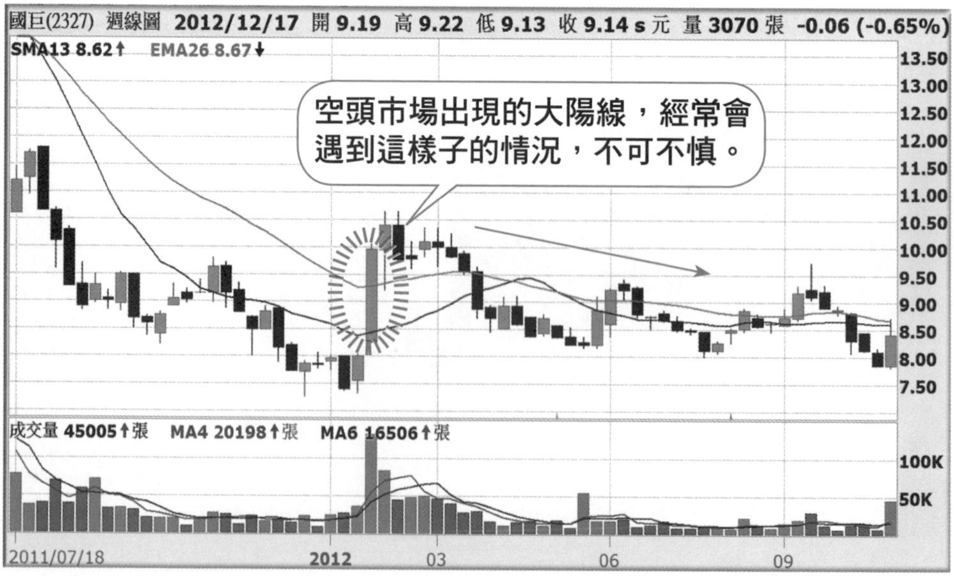

＊ 均線(13MA與26MA)糾結後的大陽線，買進失敗率低

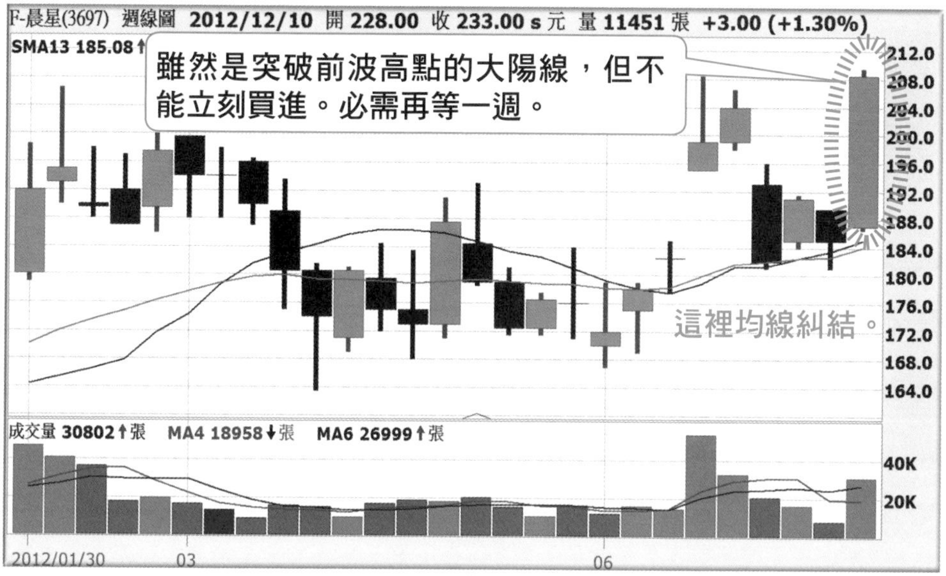

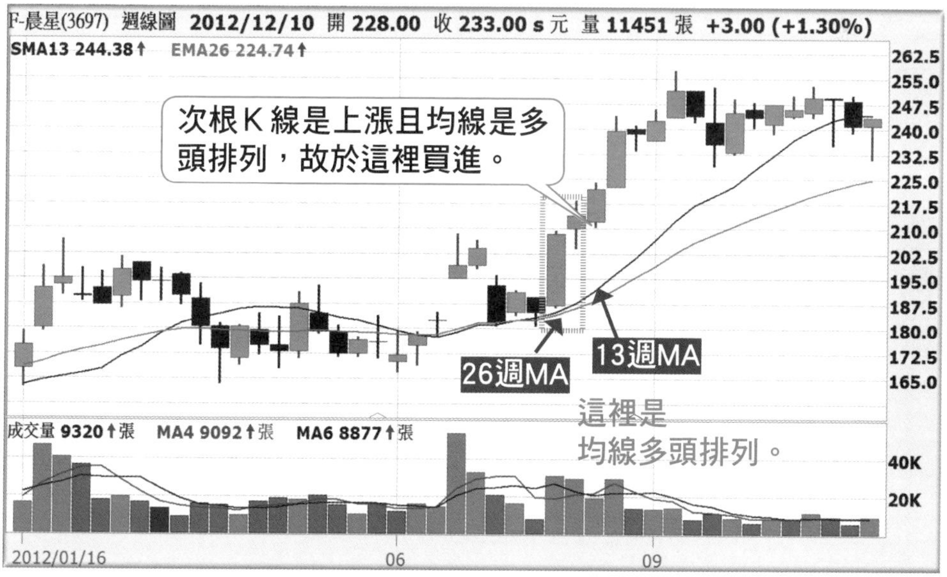

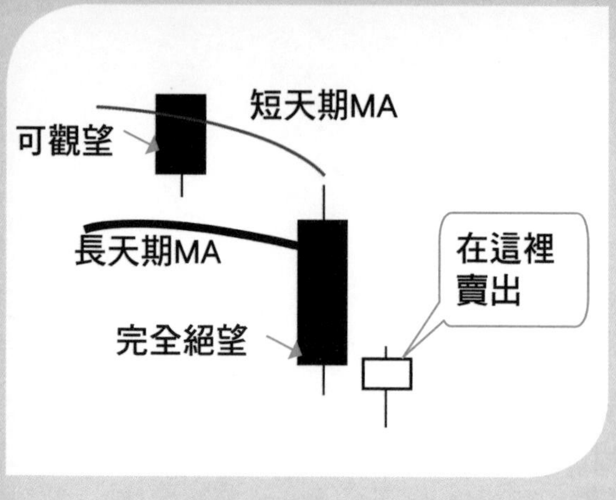

拆解起漲點細節 05

比死亡交叉早一步的看圖秘技

已經漲一大段的股價開始下跌時投資人難免左右為難「慌張賣出說不定還會漲；與其冒風險，不如賣掉算了……」但若行情已經出現死亡交叉，篤定就是「賣」的人應該很多，不過，等到死亡交叉出現時，行情往往已經跌一段了，所以最好的辦法就是在死亡交叉出現前預測它的出現。預測的方式就是看行情是否跌到13週MA之下，若有就是黃色警戒，若重重的跌到26週MA之下，接下來可能很快就會看到死亡交叉，因此，在這裡就應出脫持股。

建議這種看圖法運用在週線上(均線設13週MA、26週MA)，以下為觀察的圖解：

①兩條均線逐漸靠近。

②長天期ＭＡ是下降基調或至少是持平的。

③短天期ＭＡ是下降基調。

④收盤在長天期之下。

⑤次個交易日以開盤價賣出。

⑥以前一波的最高價為停損點。

＊ 比死亡交叉早一步的看圖秘技 拆解

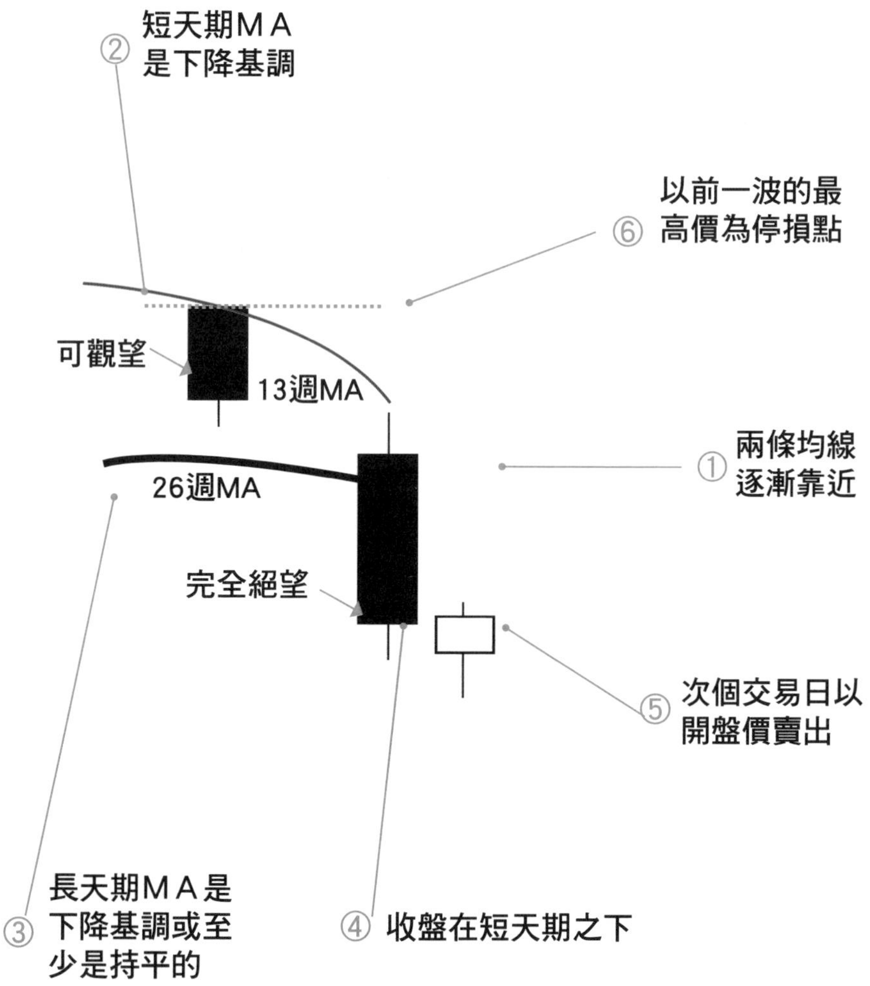

＊ 比死亡交叉早一步的看圖秘技 範例一

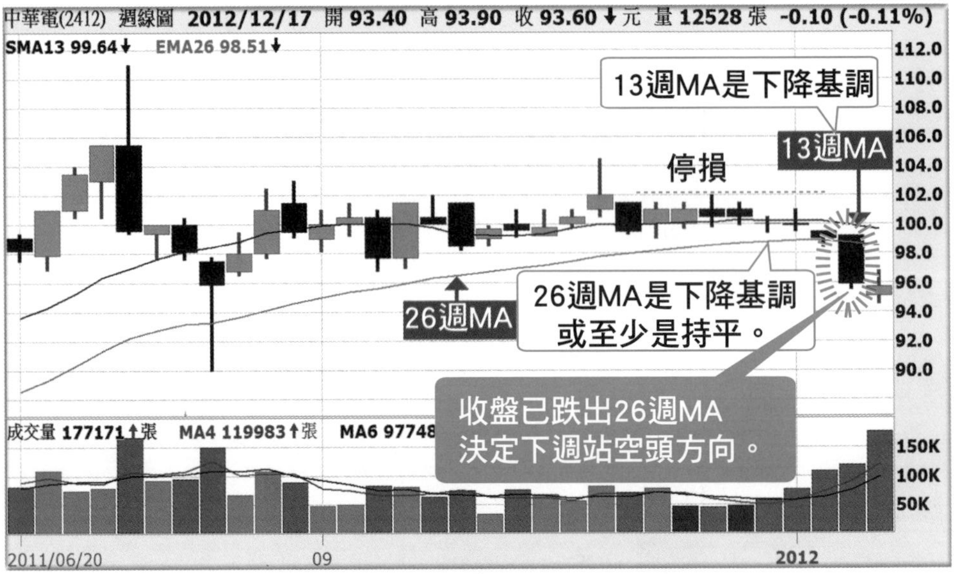

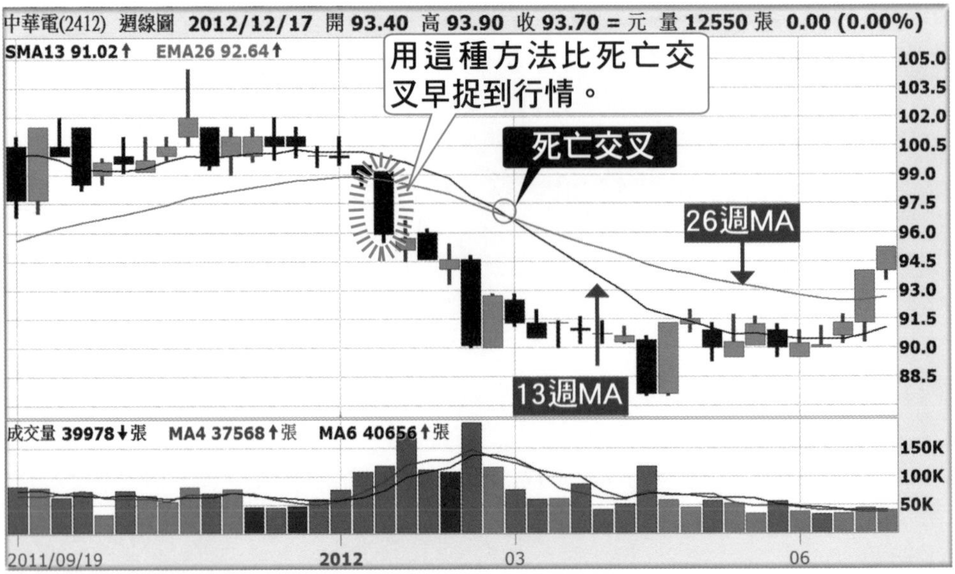

＊ 比死亡交叉早一步的看圖秘技 範例二

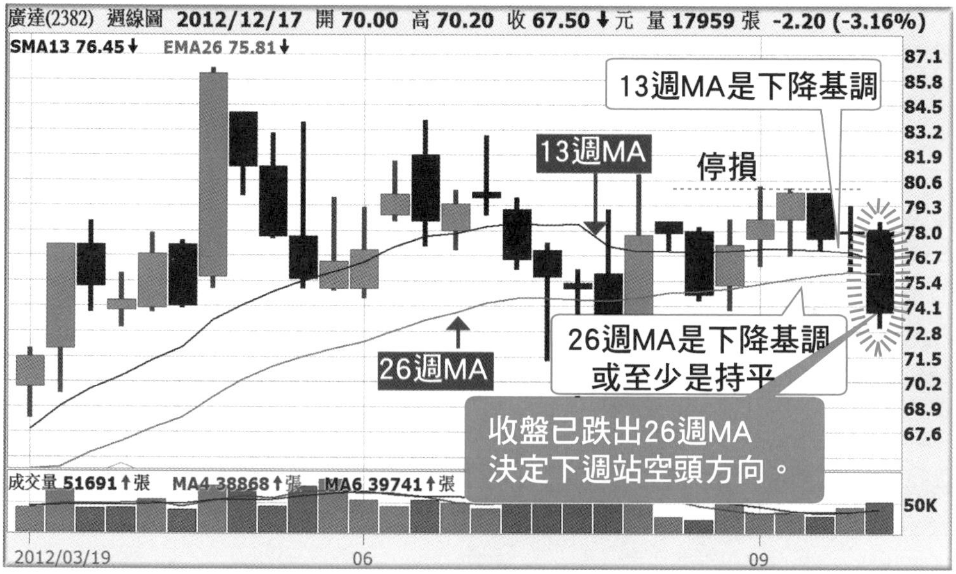

廣達(2382) 週線圖 2012/12/17 開 70.00 高 70.20 收 67.50 ↓元 量 17959 張 -2.20 (-3.16%)
SMA13 76.45↓ EMA26 75.81↓
13週MA是下降基調
13週MA
停損
26週MA
26週MA是下降基調
或至少是持平
收盤已跌出26週MA
決定下週站空頭方向。
成交量 51691↑張 MA4 38868↑張 MA6 39741↑張
50K
2012/03/19
06
09

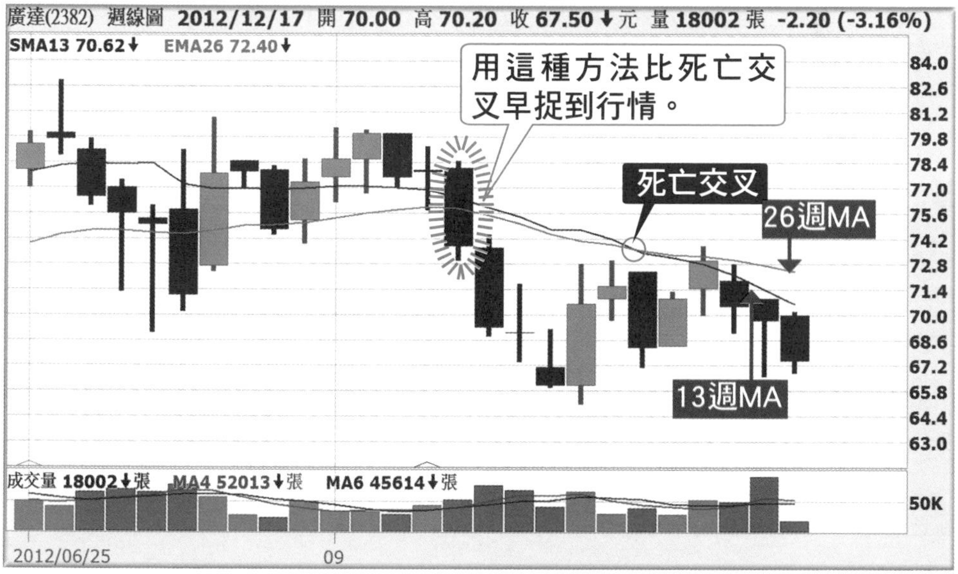

廣達(2382) 週線圖 2012/12/17 開 70.00 高 70.20 收 67.50 ↓元 量 18002 張 -2.20 (-3.16%)
SMA13 70.62↓ EMA26 72.40↓
用這種方法比死亡交
叉早捉到行情。
死亡交叉
26週MA
13週MA
成交量 18002↓張 MA4 52013↓張 MA6 45614↓張
50K
2012/06/25
09

＊ 比死亡交叉早一步的看圖秘技 範例三

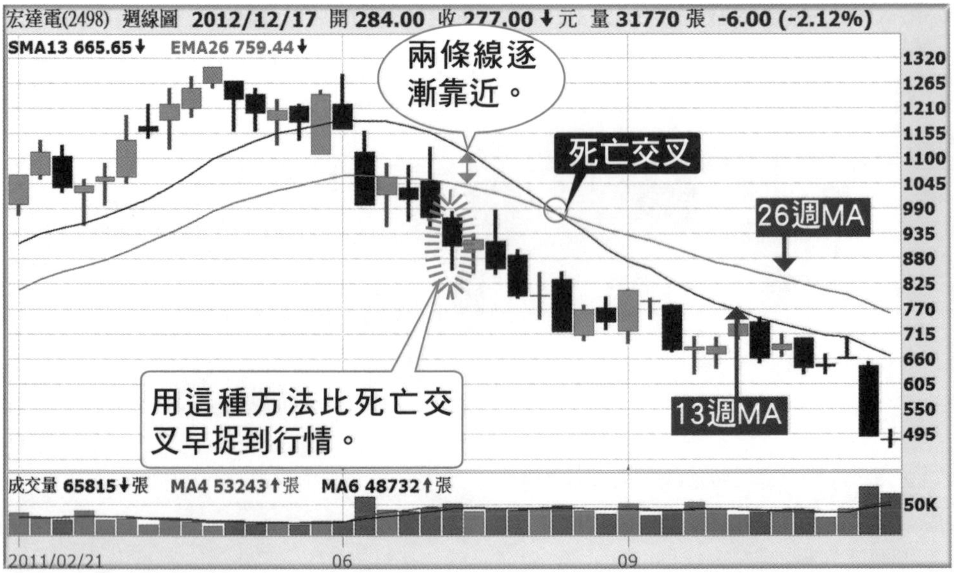

＊ 比死亡交叉早一步的看圖秘技 範例四

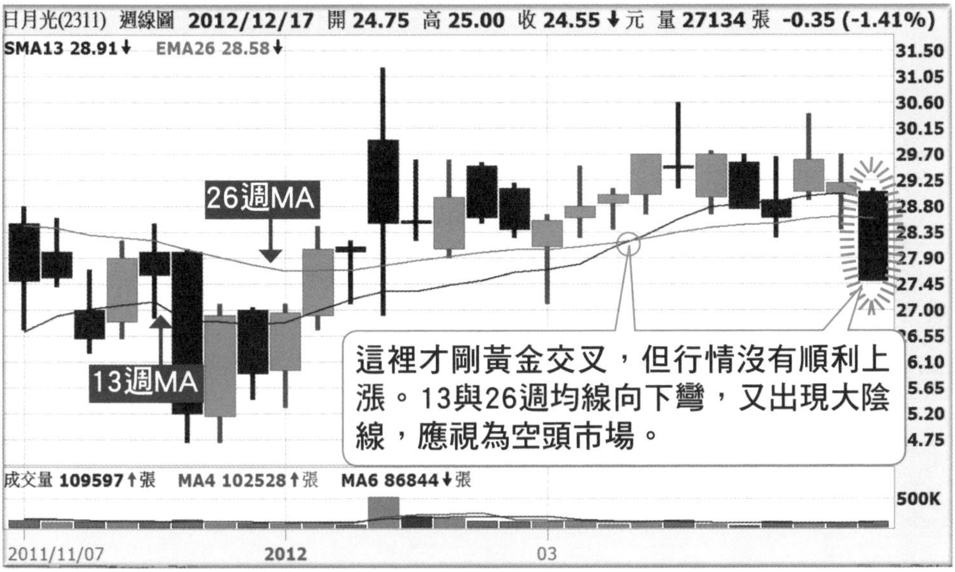

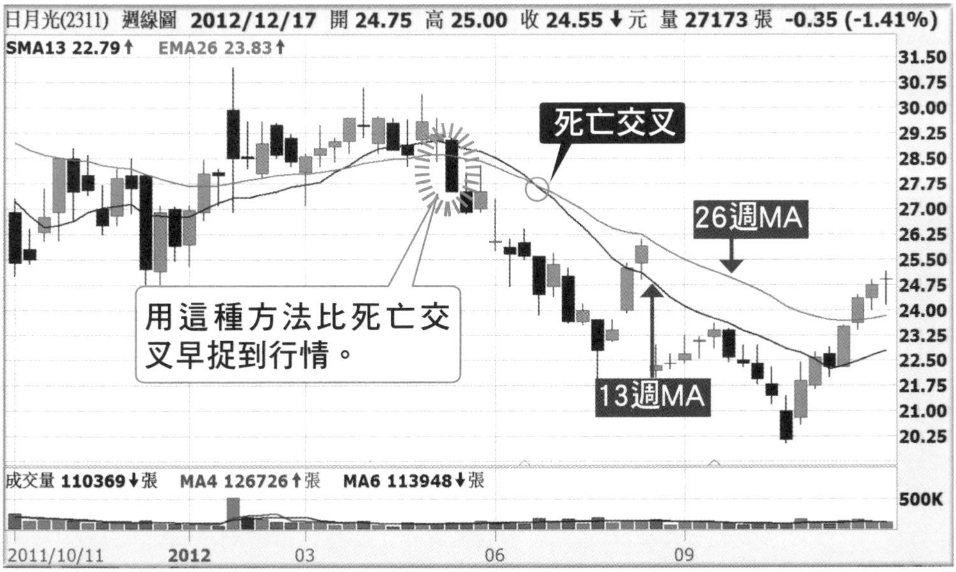

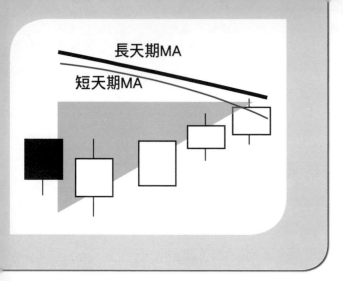

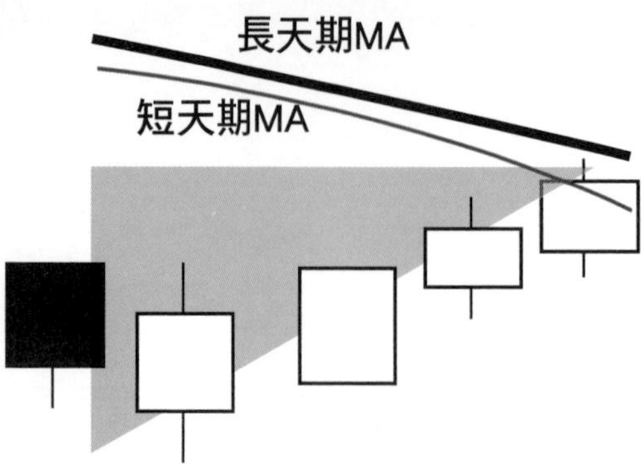

拆解起跌點細節 06

均線之下，三角支架賣出法

股價在下跌趨勢下，出現上漲為「三角支架」形狀時，之後若行情跌超過三角形的頂部時，可判斷股價有更進一步下跌的可能性，可以在這裡賣出或放空，但要注意這種方法為「短線逆勢交易」，所以，若是放空，也只能短空。進場前應先注意移動平均線－－必需處於空頭排列。但也可能沒有按照以上所講的下跌反而進一步上漲，因此也要設停損點。

建議這種看圖法運用在週線上(均線設13週MA、26週MA)，以下為觀察的圖解：

①長、短天期均線(週線可捉13週與26週)是空頭排列，也就是由上而下排列的方式分別是長天期MA、短天期MA、股價。

②行情在短天期均線上出現「三角支架」的形狀。

③三角形的頂邊(指收盤價)必須還在短天期MA之下。

④行情開盤跌過三角支架的頂邊就是賣點。

⑤宜短線操作，建議以短天期MA為停損點。

* 均線之下，三角支架賣出法 拆解

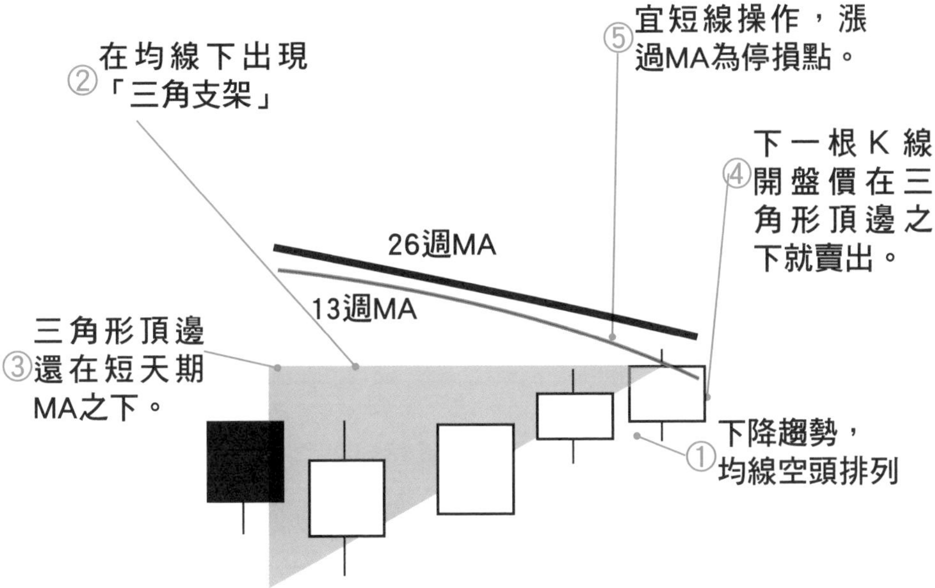

②在均線下出現「三角支架」
⑤宜短線操作，漲過MA為停損點。
下一根K線
④開盤價在三角形頂邊之下就賣出。
26週MA
13週MA
三角形頂邊
③還在短天期MA之下。
下降趨勢，
①均線空頭排列

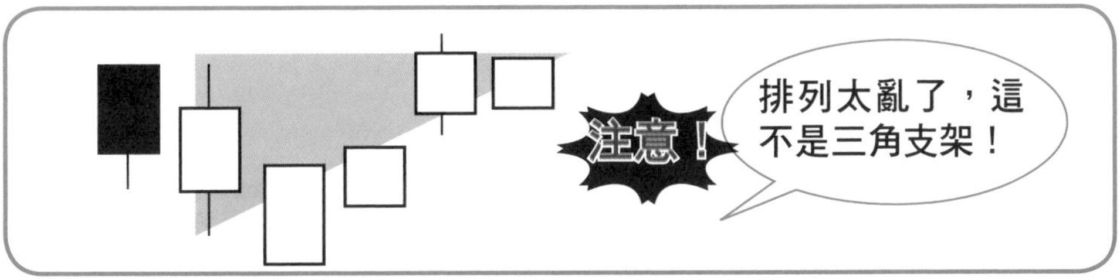

注意！
排列太亂了，這不是三角支架！

＊ 均線之下，三角支架賣出法　週線範例一

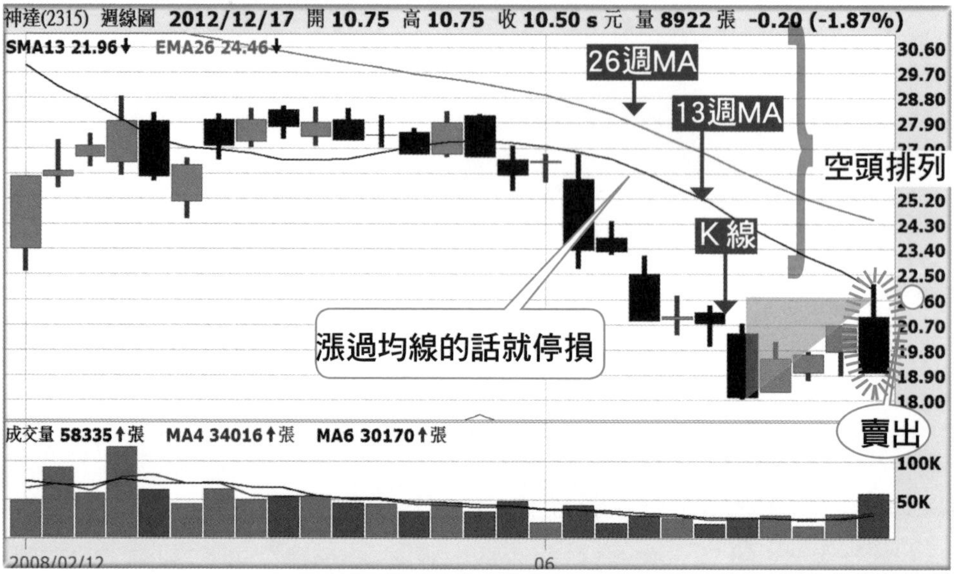
神達(2315) 週線圖 2012/12/17 開 10.75 高 10.75 收 10.50 s 元 量 8922 張 -0.20 (-1.87%)
SMA13 21.96 EMA26 24.46
26週MA
13週MA
空頭排列
K線
漲過均線的話就停損
賣出
成交量 58335 張 MA4 34016 張 MA6 30170 張
30.60
29.70
28.80
27.90
25.20
24.30
23.40
22.50
20.70
18.90
18.00
100K
50K
2008/02/12
06

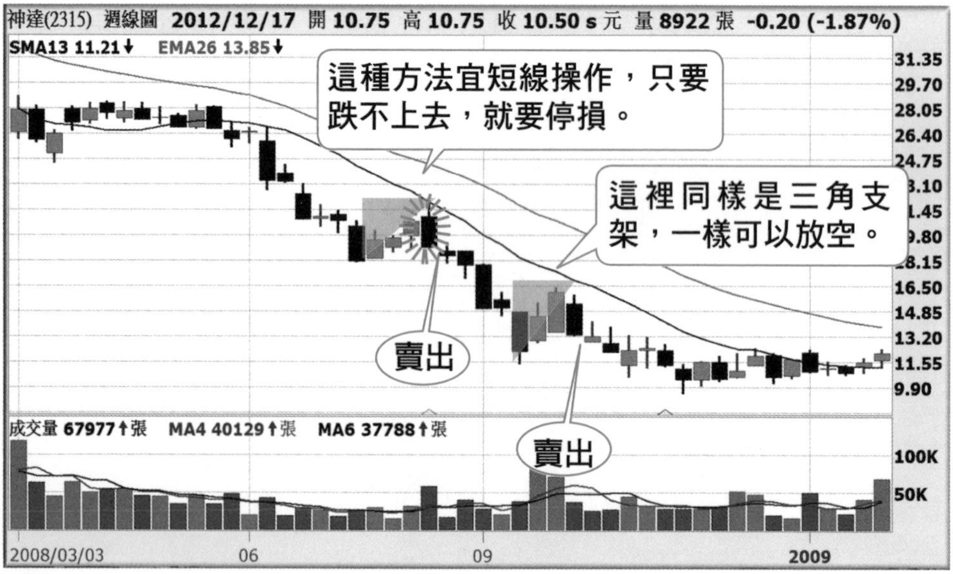
神達(2315) 週線圖 2012/12/17 開 10.75 高 10.75 收 10.50 s 元 量 8922 張 -0.20 (-1.87%)
SMA13 11.21 EMA26 13.85
這種方法宜短線操作，只要跌不上去，就要停損。
這裡同樣是三角支架，一樣可以放空。
賣出
賣出
成交量 67977 張 MA4 40129 張 MA6 37788 張
31.35
29.70
28.05
26.40
24.75
16.50
14.85
13.20
11.55
9.90
100K
50K
2008/03/03
06
09
2009

＊ 均線之下，三角支架賣出法　週線範例二

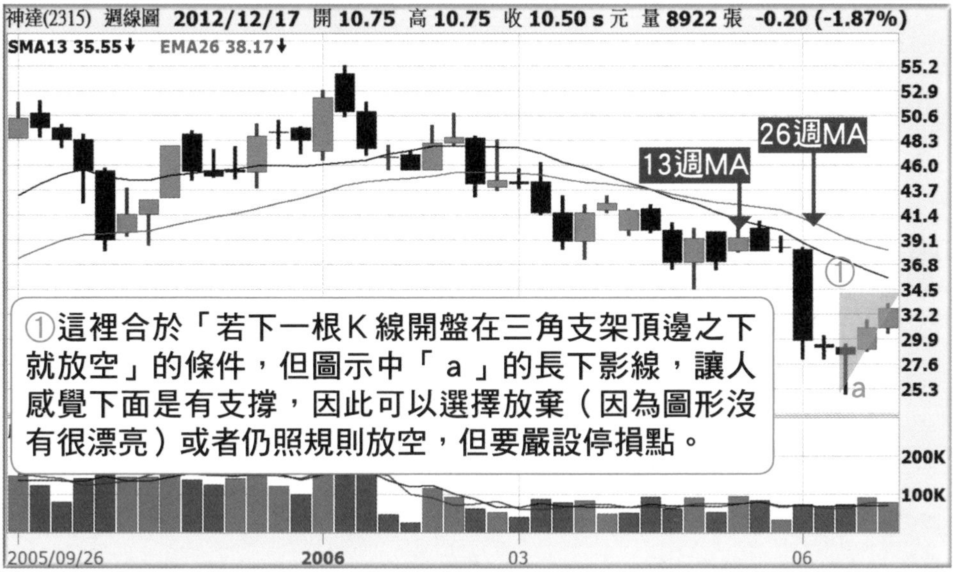
神達(2315) 週線圖 2012/12/17 開 10.75 高 10.75 收 10.50 s元 量 8922 張 -0.20 (-1.87%)
SMA13 35.55 EMA26 38.17
26週MA
13週MA
①
a
①這裡合於「若下一根K線開盤在三角支架頂邊之下就放空」的條件，但圖示中「a」的長下影線，讓人感覺下面是有支撐，因此可以選擇放棄（因為圖形沒有很漂亮）或者仍照規則放空，但要嚴設停損點。
2005/09/26
2006
03
06

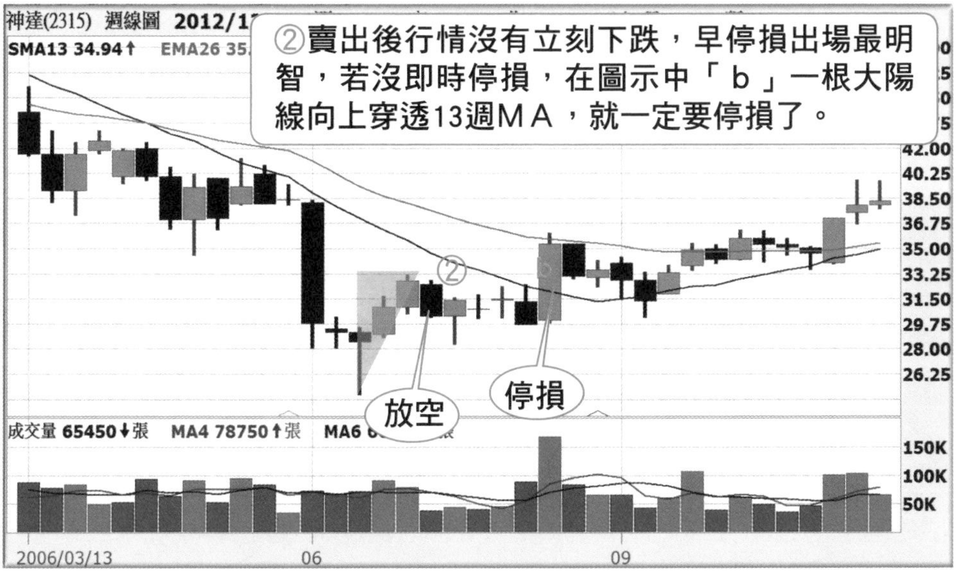
神達(2315) 週線圖 2012/1
SMA13 34.94 EMA26 35.
②賣出後行情沒有立刻下跌，早停損出場最明智，若沒即時停損，在圖示中「b」一根大陽線向上穿透13週ＭＡ，就一定要停損了。
②
放空
停損
成交量 65450 張 MA4 78750 張 MA6
2006/03/13
06
09

＊ 均線之下，三角支架賣出法　週線範例三

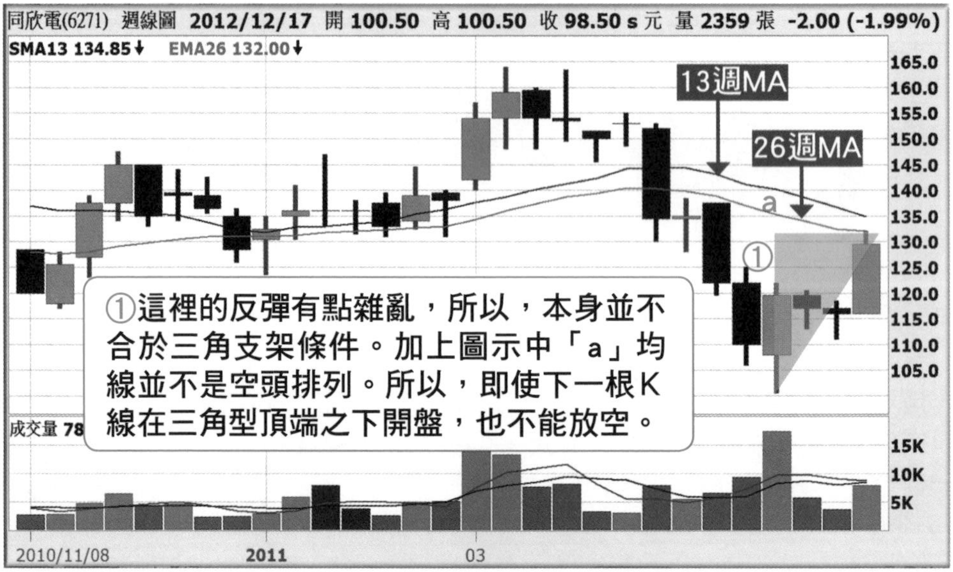
同欣電(6271) 週線圖 2012/12/17 開 100.50 高 100.50 收 98.50 s 元 量 2359 張 -2.00 (-1.99%)
SMA13 134.85↓ EMA26 132.00↓
13週MA
26週MA
a
①
①這裡的反彈有點雜亂，所以，本身並不合於三角支架條件。加上圖示中「a」均線並不是空頭排列。所以，即使下一根K線在三角型頂端之下開盤，也不能放空。
成交量 78
2010/11/08
2011
03

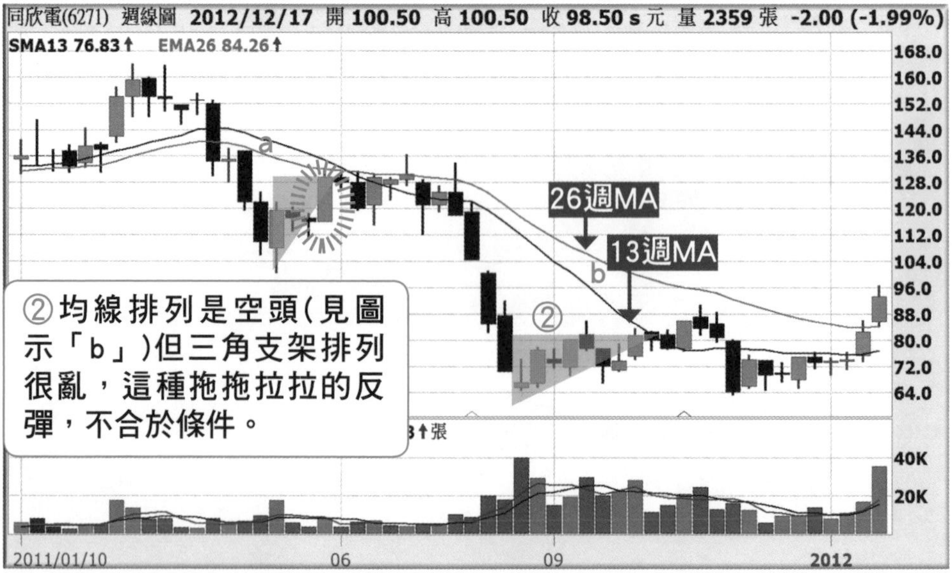
同欣電(6271) 週線圖 2012/12/17 開 100.50 高 100.50 收 98.50 s 元 量 2359 張 -2.00 (-1.99%)
SMA13 76.83↑ EMA26 84.26↑
a
26週MA
13週MA
b
②
②均線排列是空頭(見圖示「b」)但三角支架排列很亂，這種拖拖拉拉的反彈，不合於條件。
2011/01/10
06
09
2012

＊ 均線之下，三角支架賣出法　週線範例四

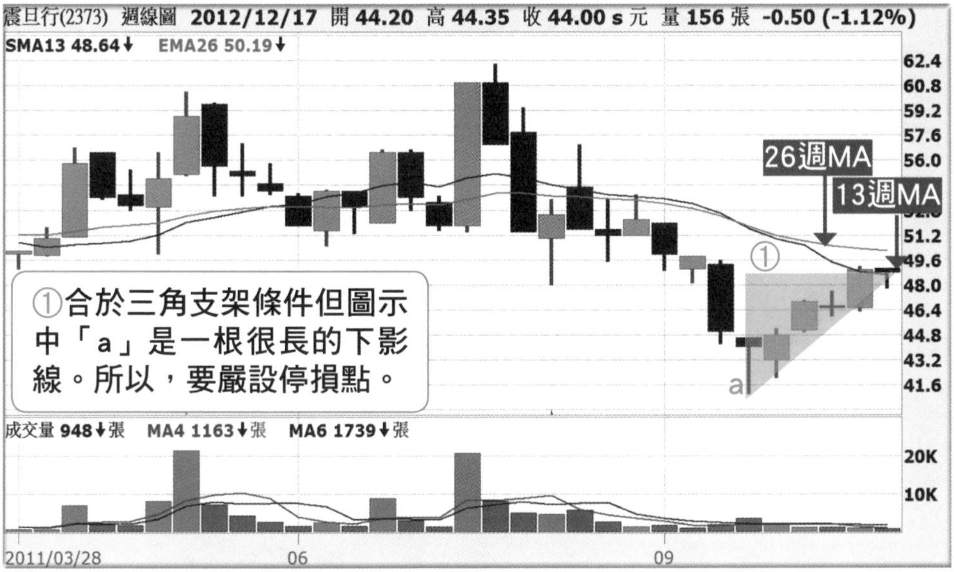
震旦行(2373) 週線圖 2012/12/17 開 44.20 高 44.35 收 44.00 s元 量 156 張 -0.50 (-1.12%)
SMA13 48.64↓ EMA26 50.19↓
26週MA
13週MA
①
①合於三角支架條件但圖示中「a」是一根很長的下影線。所以，要嚴設停損點。
a
成交量 948↓張 MA4 1163↓張 MA6 1739↓張
2011/03/28
06
09

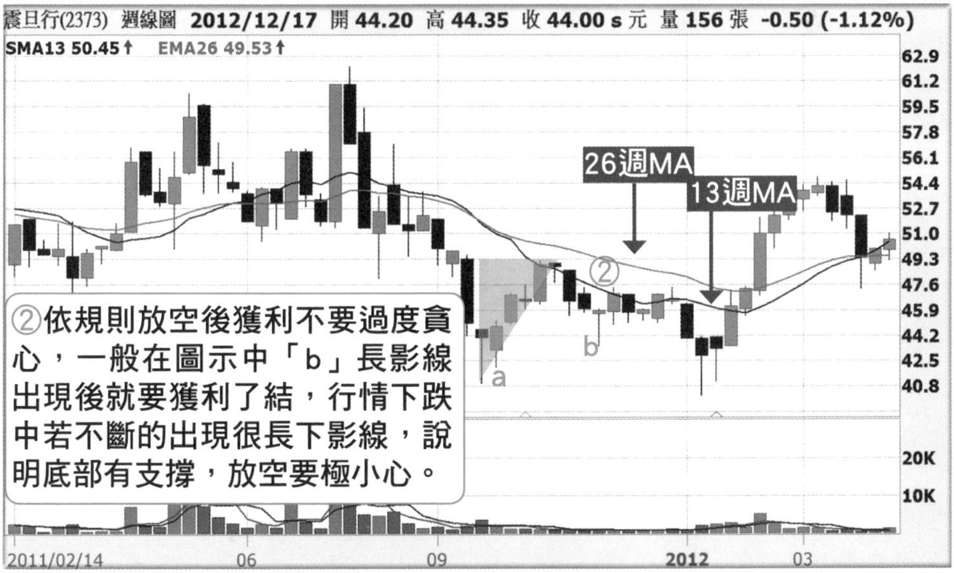
震旦行(2373) 週線圖 2012/12/17 開 44.20 高 44.35 收 44.00 s元 量 156 張 -0.50 (-1.12%)
SMA13 50.45↑ EMA26 49.53↑
26週MA
13週MA
②
②依規則放空後獲利不要過度貪心，一般在圖示中「b」長影線出現後就要獲利了結，行情下跌中若不斷的出現很長下影線，說明底部有支撐，放空要極小心。
a
b
2011/02/14
06
09
2012
03

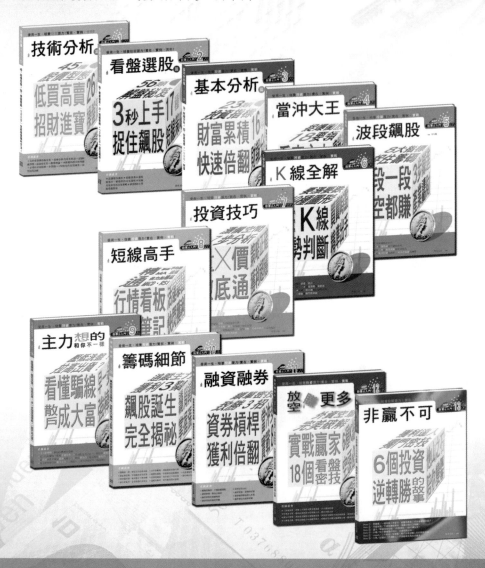

・國家圖書館出版品預行編目資料

股市聰明獲利的買賣點學習提案	/ imoney123 編輯部 編著.
-- 台北市：	恆兆文化，2012.12
176面； 17公分×23公分	（ｉ世代投資；5）

ISBN 978-986-6489-40-2 （平裝）

1.股票投資 2.投資技術 3.投資分析

563.53　　101023135

i 世代投資系列 5：

股市聰明獲利的買賣點學習提案

出版所	恆兆文化有限公司 Heng Zhao Culture Co.LTD www.book2000.com.tw
發行人	張正
作者	i money123編輯部
封面設計	王慧莉
責任編輯	文喜
插畫	韋懿容
電話	＋886-2-27369882
傳真	＋886-2-27338407
地址	台北市吳興街118巷25弄2號2樓 110,2F,NO.2,ALLEY.25,LANE.118,WuXing St., XinYi District,Taipei,R.O.China
出版日期	2012/12初版
I S B N	978-986-6489-40-2(平裝)
劃撥帳號	19329140 戶名 恆兆文化有限公司
定價	新台幣 249 元
總經銷	聯合發行股份有限公司 電話 02-29178022

特別銘謝：

本書採用之技術線圖與資料查詢畫面提供：

嘉實資訊股份有限公司

網址：http://www.xq.com.tw

1000
5000
CANADA
THIS NOTE IS LEGAL TENDER

500 Cinq
T 037688061
5000